이승에 한만 남기고 떠난
별난 묘지 이야기

별난 묘지 이야기

김석현

미래문화사

왜 책을 내는가

나는 원혼이나 귀신, 악마 등의 존재를 믿지 않는 편이다. 이 같은 이유는 기자생활을 오래 하면서 사실주의에 시선이 쏠려 더 고착화된 때문이 아닌가 싶다. 덕분에 귀신 따위는 드라마 소재 정도로 인식하는 경향이 짙게 되었다. 그런데 '별난 묘지'를 취재 다니면서 한 가지 '믿음'이 생기게 되었다. 그가(亡者, 아니면 귀신) 나를 부르고, 때로는 이끌어 주고 있다는 막연한 확신이 든 것이다.

깊은 산중에서 수백 년 된 묘를 찾는다는 것은 '모래사장에서 바늘을 찾는 격'일 때가 많다. 더군다나 숲이 우거진 여름철에는 내가 찾는 묘를 지척에 두고도 한나절 이상을 헤매는 경우가 허다하고, 눈 쌓인 한겨울에는 낮은 봉분을 구별해 내기가 여간 힘들지 않다. 그러나 이상하게도 묘지를 찾아 나가면 보이지 않는 힘이 나를 이끌어 준다.

약도도 없이 묻고 물어 간 초행길이지만, 일단 산속이나 묘지 주변에 이르게 되면 직감대로 발길을 떼면 그만이다. 갈래 길에서도 멈칫거린 적이 별로 없다. 그리고는 '여기 어디쯤일 텐데' 하고 돌아보면 영락없이 거기에 내가 찾는 묘가 보인다.

목적지에서 사진을 찍고 주변 스케치를 마친 다음 되돌아 나오다 보면, 시간이 늦어져 차도 끊기고 배편도 없을 때가 많다. 수십 리 길을 걸어야 할 판이다. 그러나 나는 크게 걱정을 않는다. 강이나 바닷가에서는 야간 낚싯배가 지나가고, 촌길에는 승용차가 나타난다. 꼭 나를 태워 주기 위해 기다렸다는 듯이. 때로는 민가에 들어가서 하룻밤 유숙을 청하면 오래 된 벗처럼 친절하게 맞아 준다. 휴가철 민박 경험과 전혀 다른 분위기라면 믿어 줄까.

절친한 친구에게 이 같은 사실을 말하자 '먼 곳에서 자신의 유택을 찾아온 귀한 손님이기에, 그 주인이 당신을 도와주는 것 아니냐'며 나름대로 진단을 내려 준다.

신이 아닌 이상, 누구든지 죽음을 피해 갈 수는 없다. 불로장생을 꿈꾸었던 진시황의 욕심도, 절세 미인으로 알려진 클레오파트라나 양귀비의 아름다움도 죽음 앞에서는 큰 힘이 되지 못했다.

우리 민요 〈상여 소리〉에서는 '북망산이 멀다더니 문턱 밖이 북망일세…… 일가 친척 많다 한들 어느 누가 대신 가며, 친구 자식 많다 한들 어느 누가 대신 가리'라는 가사가 나온다. 이처럼 어느 누구도 대신해 줄 수 없는 게 바로 죽음인 것이다. 그런데도 인간들은 여전히 1백 년 안팎의 짧은 인생에도 불구, 천년 만년을 생각하며 스스로가 생을 더 짧게 하고 있다. 잠시 머물다 가면 그뿐인데, 명예와 부귀를 좇다가 혹은 증오와 편견을 일삼다가 정작 죽음 앞에서는 가슴을 치며 후회하면서 쓸쓸히 사라지는 경우가 허다하다.

나는 이런 사람들에게 수많은 사연을 가슴속에 안고 지하 세계로 내려간 이들의 무덤을 찾아가 보도록 권하고 싶다. 그래서 부귀와 명예가 얼마나 부질없고, 거짓과 질투가 무슨 소용이 있었나를 깨닫게 하고 싶다.

나는 무명초와 같이 살다 간 사형수들의 무덤 앞에 설 때마다 느끼는 것이 많다. 한순간 잘못된 생각으로 평생 씻지 못할 죄를 짓고, 저 세상에서도 마음 편히 잠들지 못했을 이들을 생각하면 가슴이 답답해진다.

세상에 아름다운 죽음은 없다. 또 슬픈 죽음도 없다. 살아 있는 이들의 눈에 그렇게 비칠 뿐이다. 평소 생사일여(生死一如-삶과 죽음이 하나다)요 생사불이(生死不二-삶과 죽음이 둘이 아니다)라고 큰소리쳤던 사람이, 죽음 앞에서 두려움을 떨치지 못하는 까닭은 삶과 죽음 사이의 깊은 골을 알기 때문이리라.

이런 이유로, 죽음 앞에서 모든 인간은 평등하다는 이론이 맞는 것 같아 보이기도 한다. 정말 그럴까. 그러나 실상은 '아니다'라는 쪽으로 기운다. 화려한 장례식과 호사스런 무덤을 지켜본 사람은, 죽은 뒤에도 계속되는 빈부 격차를 실감할 뿐이다.

청산은 나를 보고 말없이 살라 하고
창공은 나를 보고 티없이 살라 하네
탐욕도 벗어 놓고 성냄도 벗어 놓고
물같이 바람같이 살다가 가라 하네.

유사 이래 이 시처럼 살다 간 사람은 얼마나 될까. 그러나 한

줌 흙으로 돌아가기 전, 무거운 짐을 덜어 놓으려는 노력은 아끼지 말아야 할 것이다. 무덤(묘)이라는 무거운 주제를 택한 것도 어쩌면 내 인생을 반추해 보기 위한 하나의 통과 의례였는지도 모른다. 값비싼 비석에, 혹은 화려한 비단천에 미사여구로 남긴 유언이면 무엇하겠는가. 살아 있음에 감사할 줄 알고, 죽어서 아름다운 이야기를 남길 수 있는 인생살이가 보람되지 않겠는가. 별난 무덤을 찾아다닌 이유는 바로 여기에 있다.

죄인으로 살다 간 인생들의 흔적에서부터, 적군이란 이름으로 혹은 내시와 궁녀로서 한많은 삶을 살아야 했던 과거의 흔적을 되짚어 보면서 '인생의 허무'를 곱씹어 보기도 했다. 한편으로는 동물의 무덤을 만들어 줄 줄 아는 인간들의 마음 씀씀이를 조명해 보기도 했고, 고인돌에서는 문화를 발견하기도 했다. 미래의 장묘문화가 될지도 모르는 사이버 묘지는 아직 정서적으로 다가서지 않는 것을 느끼면서 나 역시 구세대임을 깨닫는 계기도 됐다. 일부 종교인의 묘소를 등장시키고 방랑 시인의 유택을 살펴본 것도 인간 세상의 한 단면을 보여주기 위해 고심한 흔적으로 여겨 줬으면 한다.

묘지 취재를 하면서 반복되는 사건(?) 중 하나가 망자들의 유택에 다다르면 부슬비가 자주 내린다는 것이었다. 우연이라기보다 필연이라는 단어가 걸맞을 정도로, 사연 많은 무덤에 갈 때마다 비가 내리는 것이었다.
갈수기인 이른 봄이나 늦가을에도 비가 내리고, 여름은 여름대로 비가 오는 까닭에 묘지 취재를 갈 때면 으레 우산을 챙겨

야 하는 게 습관이 되다시피 했다.

1997년 늦은 봄날, 대구 비슬산에 있는 사형수 묘역을 찾았을 때도 비가 내렸다. 한 평도 차지 못한 무덤이 풍진 세월을 견디다 못해 평토화돼 그 흔적을 구분하기도 쉽지 않은 터였다. 조심한다는 것이 그만 고인이 누워 있는 유택에 구둣발자국을 내버리고 말았다. 비에 젖은 땅인지라 구둣발은 무덤 한가운데에 큰 흉터를 내버렸다. 나는 송구한 마음으로 부랴부랴 그 흔적을 지웠지만 영혼에 대한 미안함까지는 다 지울 수가 없었다.

이날 이후 나는 묘지를 찾을 때마다 황토로 물든 구두굽과 바짓가랑이의 흙을 애써 털어 내지 않는 버릇이 생기게 됐다. 지하 세계에서 극락 왕생하고픈 영혼들의 흔적이라고 생각하니 흙알갱이 하나라도 함부로 할 수 없다는 중압감이 든 것이다. 빗속에서 찾는 무덤. 더군다나 어둠이라도 내려앉는 저녁 나절이면 별 생각이 다 따라다니기도 한다. '전설의 고향' 속에 빠져들 정도로 말이다.

글을 쓰는 이유가 길어졌다. 이 책을 읽는 독자님과 소재가 됐던 영혼들에게 감사한다. 또 이 책이 나오기까지 애써 주신 주변 사람들에게도 감사드린다. 지금 이 시간에도 창 밖에는 굵은 빗방울이 떨어지고 있는데, 내가 아는 영혼이 축복의 노래라도 불러 주고 있는지 모르겠다.

2001년 1월 1일
삼청동 골방에서
김 석 현

핑계 없는 무덤 없어

박삼중 스님(부산 자비사 주지)

죽음 앞에서 초연(超然)할 수 있는 인간은 얼마나 될까.

사형장에서 숨져 가는 중생을 여럿 지켜보면서 떠올린 화두(話頭)다. 세상에서 부귀영화를 누린 자나 소위 밑바닥 생활을 하던 자라 할지라도 교수대(絞首臺) 앞에 서면 그 심정은 하나같아진다.

서대문형무소(지금은 역사공원으로 바뀌었다) 사형장 자리에는 큰 미루나무 한 그루가 서 있다. 사형수가 형장으로 들어가기 전 마지막으로 몸을 비벼 대거나, 아니면 물끄러미 쳐다보며 이승에서의 한(恨)을 떨치던 나무다. 이 나무에게 물어 보면, 죽음 앞에 선 인간의 모습을 가장 잘 말해 줄 것이다.

법원 최종 판결에서 사형을 선고받고, 형 집행 날짜가 가까워 오면 사형수는 '면회'라는 말에 무척 민감하게 반응한다. 재소자(在所者)들 사이에 가장 기다려지는 게 면회인 것에 비하면 의외가 아닐 수 없다. 그 이유는 간단하다.

교도관들이 사형수를 형장으로 끌어내기 위한 미끼(?)로 면회

를 악용하기 때문이다. 눈치 빠른 사형수는 감방에서부터 실랑이를 벌이고, 혹시나 하며 따라 나선 사형수도 형무소 앞마당을 지나 면회소와 사형장의 갈림길에 들어서면 벌써 사색(死色)이 된다. 한 걸음 차이로 생사(生死)가 엇갈리게 되기 때문이다. 이 순간 누가 초연해질 수 있으며, 감히 생사불이(生死不二)라고 말할 수가 있겠는가.

사형수가 아니라도 인간은 누구나 죽음을 피할 수는 없다. 이것 하나만큼은 참으로 공평하다. 망자(亡者)는 결국 무덤에 들어가게 되고, 생자필멸(生者必滅)의 마침표를 찍게 되는 셈이다.
인생의 마지막 흔적인 무덤이기에 한도 많고 사연도 길다. 오죽했으면 '핑계 없는 무덤 없다'라는 속담이 다 나왔을까.

마침 내가 15~6년 전부터 알고 지낸 김석현 국장이 《별난 종교 이야기》에 이어 《별난 묘지 이야기》 원고를 탈고했다고 해서 크게 환영한 일이 있다. 김국장과는 이미 1990년대 초부터 대구 사형수 묘지를 비롯해 경기도 파주의 적군 묘지 등을 답사하며 망자들을 위령(慰靈)하고 취재한 바가 있어, 책을 낸다는 일이 낯설지 않았기 때문이다.
남들이 대수롭지 않게 생각하던 일, 아니면 알지도 못했던 불쌍한 영혼들이 잠든 곳을 일일이 찾아 다니면서 그들을 글로써 위로하고, 지면으로 비석을 세워 준 공덕은 아마도 지하세계에까지 차고 넘칠 것으로 본다. 애써 돌보는 이 없는 사형수 묘역, 북한군이 묻혀 있는 적군 묘지를 찾아가 잡초 하나라도 뜯

어 준 인연이 내생(來生)에는 큰 복덕(福德)이 되지 않겠는가.
하물며 이들의 한과 사연을 책으로 승화시킨 김국장의 공덕은
지하세계에 웃음꽃을 만발하게 할 것으로 기대가 된다.

끝으로 어렵게 낸 이 책이 뭇 영혼들의 도움과 부처님의 가
피에 힘입어 인구에 회자(膾炙)되는 귀한 자료가 되기를 기원한
다.

2001년 1월 11일

차례

24

'호랑이는 죽어 가죽을 남기고 사람은 죽어 이름을 남긴다(虎死留皮 人死留名)'고 했던가.

그러나 사형수라는 오명 아래 숨겨 간 이들은 인사유명은커녕 시신까지 거둬 주는 이가 드물어 곡(哭)소리 한번 못 듣고 이승을 떠나야 한다. 숨이 붙어 있을 때는 사형수라는 별명으로, 눈이 억지로 감겨진 뒤에도 한 평 남짓한 무덤 속에서 뼈가 흙이 되도록 외로움을 달래야 하는 이들. 그래서 대구광역시 달성군 옥포면 기세리의 비슬산 기슭에 있는 사형수 묘역은 생전에 가슴앓이 한 생채기가 그대로 배어 있는 듯 암울함을 더한다.

혹자는 '삶과 죽음이 둘이 아니다(生死一如 生死不二)'라고 했다지만, 죽음을 눈앞에 둔 사형수들의 심정을 조금이라도 헤아려 봤다면 곧 거둬들였을 말이다. 이끼 낀 콘크리트 푯말과 썩어 가는 나무 기둥이 묘비를 대신해 서 있는 사형수 무덤은 그래도 호화묘(?)에 속할 정도다. 나머지 무덤은 떼 한 장도 제대로 덮지 못하고 방치돼 있어 이들이 담고 있는 한(恨)의 깊이를

짐작하게 한다.

'교(矯) 26', '교 30'. 가로 세로 10㎝ 가량의 엉성한 콘크리트 말뚝이 지키고 있는 사형수들의 무덤군(群)은 대구광역시에서 승용차로 1시간 거리에 있는 달성군 옥포면 기세리 야산 기슭서 찾을 수 있다. 그러나 행인은 물론 인근 마을 주민들까지 이곳이 사형수들이 잠들어 있는 공동묘지라는 사실을 모르고 있을 만큼 이 지역의 유일한 '은둔지대'로 남아 있다. 그런만큼 초라한 무덤 70여 기가 방치돼 있을 뿐이다.

▲ 대구 비슬산 기슭에 자리한 사형수 묘역. 언뜻 보아도 초라하기만 하다.

따라서 이곳에서는 '교'자나 '번호표식 말뚝'을 갖고 있는 무덤은 비교적 관리가 잘된 축에 속하거나 아니면 조성된 지 얼마 안 되는 새 무덤이 분명할 정도로 그 구분이 뚜렷하다. 또

이곳에서의 유일한 기록은 한글로 된 '교'자와 아라비아 숫자가 전부다. 이 중 교자는 교정 혹은 교도소를 나타내는 표시이며 아라비아 숫자는 묻힌 순서를 알리는 표식이다.

과거에는 '교'자와 아라비아 숫자를 새긴 콘크리트 말뚝만 있었지만, 지금은 흰 페인트 칠을 한 나무 말뚝에 번호와 함께 '고(故) ○○○지묘(之墓)'라고 표시해 망자에게 많은 배려(?)를 하고 있다. 그러나 이 나무 말뚝(비목)은 금방 보기에는 그럴듯하나 2~3년이 지나면 밑둥부터 썩기 시작하여 흔적도 없이 사라져 무덤 주인의 한을 더 깊게 한다.

이름 대신 수형 번호로 교도소 생활을 마감하고, 죽어 땅에 묻혀 또다시 번호표 말뚝 아래 잠들어 있는 사형수의 원혼들. 그 영혼까지 번호로 불릴 듯싶어 가슴을 저미게 한다.

또 다른 감옥 속에서

사형수 중에는 자신의 형(刑) 집행일을 정확히 예견하고 있는 경우가 적지 않다고 한다. 어떤 이는 전날 밤 목욕재계하고 의복까지 정갈히 한 다음 자신을 사형장으로 데려갈 교도관을 기다리기까지 한다.

자신의 운명을 거역하지 않고 내생에서 현생의 몫까지 살겠다는 염원 아래 임종 절차를 밟는 것이다. 사형수 중에는 이 짧은 순간에 마음을 돌려 목사나 스님의 안수와 기도를 받고, 인생의 종착역인 사형장에서 '거듭남'을 경험하기도 한다. 그러나 수습된 주검은 가족들에게 인계되기보다는 교도관이나 동료

죄수(모범수)에 의해 사형수 공동묘지에 안장되는 경우가 대부
분이다.

　지금은 많이 달라졌다고는 하나 필자가 사형수 묘지를 찾은
4월 초순에도 '75' 숫자가 선명한 새 나무 말뚝이 꽂힌 무덤이
봄비를 맞고 있었다. 조성된 지 두어 달밖에 돼 보이지 않는
무덤이었다. 그러나 이 무덤의 옆과 뒤에 나란히 줄지어 있는
무덤군은 망자가 된 사형수들의 또 다른 감옥처럼 여겨질 정도
로 열악한 모습이다.

말이 비슬산 기슭이지 무너져 내리는 야산자락의 황무지터에 자리잡은 사형수 묘지는 흙과 돌이 절반인 척박한 땅 비탈에 아슬아슬하게 조성돼 있다. 한 평 남짓한 무덤은 봉분이 떼 한 장 얹지 못해 비바람에 다 쓸려 버린 음택이 됐는가 하면, 말뚝 표식 하나 없는 묘도 절반이 넘는다. 어디 이뿐인가. 1년 365일 성묘객 한번 못 보고 춘하추동 제삿상 한번 받지 못하는 버림받은 영혼들. 그럼에도 불구하고 사람들은 이곳이 외부에 알려질까 봐 쉬쉬 하고 있을 뿐이다.

"큰길가에 안내 푯말이라도 하나 세우면 좋지 않겠느냐"고 운을 떼기가 무섭게 길 안내를 맡은 사람이 한마디 던진다.

"가족들도 집안 망신이라고 사형수의 시신을 수습하려 들지 않는데, 이들의 공동묘지를 만천하에 공개할 일이 뭐 있습니까. 그랬다가는 혐오 시설로 오해받아 이 자리도 남아나지 못할 겁니다."

하기사 그 말이 맞을 성도 싶다. 집단 이기주의인 소위 님비 현상이 판을 치고 있는 무서운 세상에 사형수 공동묘지가 내 지역에 있다고 공개할 주민이 어디 있겠으며, 이곳에다 표식을 남길 공무원이 또 어디 있겠는가. 괜한 질문이 쑥스럽기도 했지만 열악한 사형수 묘역 주변 환경이 이들의 영혼마저 차별하는 듯싶은 생각에 뒷맛은 여전히 개운치 않다.

원래는 사형수 묘지라는 명칭이 없다. 정확히 말하면 교도소 내에서 사형집행이나 병사, 사고사를 당한 죄수들 중 무연고자 혹은 가족이 시신 수습을 거부한 경우 이곳에 매장하기 때문이다. 그러나 사형수들의 주검이 가장 큰 한을 품고 있는 까닭에

몇몇 사람들이 '사형수 묘지'로 통칭한 것이 오늘날의 명칭으로 고착화되었다.

대부분 역사가 깊은 교도소는 자체적인 공동묘지를 갖고 있는 게 기본이다. 이 중에는 대구교도소를 비롯해 부산·광주·서울 등이 포함되어 있다. 그러나 일제시대부터 비교적 큰 규모로 운영돼 온 대구교도소에서 조성한 비슬산 기슭의 사형수 묘역은 전국 제1 규모로 알려져 있다.

현재 이곳에는 푯말(비목) 숫자상으로는 76기의 묘가 들어서 있지만 묘역 맨 윗부분에 대형 합장묘가 있어 전체 숫자는 가늠할 수조차 없다. 또 매장한 지 2년이 경과하면 합장할 수 있는 것이 이곳의 제도인 만큼 지금까지 묻힌 이의 정확한 통계는 알 수 없다고 한다.

특히 이곳에는 '참새와 사형수'로 장안의 화제가 되었던 사형수 박영근의 묘를 비롯해 경북 안동 노파 연쇄살인 사건의 주범으로 알려진 지○○ 씨의 무덤이 조성돼 있다. 또 이곳은 사형수로 복역중 사면을 받아 풀려난 양동수(현재 부산 자비사 법사) 씨가 출소 후 제일 먼저 찾았던 장소로도 유명하다.

유교식 매장 풍습 따라

교수형이 집행된 사형수의 시신은 우선 유교식에 따라 염을 하고 관에 넣어 매장한다. 관은 따로 분리하지 않고 그대로 매장한다. 이때 받는 번호가 바로 묻힌 순서다. 죄수 번호 대신 무덤 번호표를 또 하나 받는 셈이 된다.

　장례 절차는 의외로 간단하다. 대개 오전에 형 집행이 이뤄지
는 관행에 따라 당일 오후가 되면 장례까지 모두 마쳐지게 된
다. 매장은 교도관을 비롯해 동료 죄수(모범수)가 맡게 되며, 이
때 교도소측이 마련한 술과 안주, 약간의 과일로 꾸며진 제삿
상도 준비된다. 이것이 처음이자 마지막 제삿상이 되는 경우가
대부분이지만.

　또 이 묘는 2년이 지나면 합장할 수 있는데 현재 76기 중 맨
위쪽에 있는 대형묘는 합장을 한 것이다. 그러나 이곳에 합장
돼 있는 유골이 얼마나 되는지는 정확히 알 수가 없다. 일제시
대 때부터 교도소 내에서 숨진 재소자들의 시신이 다수 묻혀
있다는 추측만 할 뿐이다. 사형제도가 계속 시행되고 있는 한
사형수 묘지의 아라비아숫자 역시 높아질 수밖에 없는 처지이
다. 그러나 의외로 묘지 면적은 크게 넓어지지 않고 있다. 이유

는 간단하다. 예전에 비해 시신을 수습해 가는 가족이 늘고 있는 것도 이유 중 하나지만, 묘지가 포화 상태로 들어설 경우 2년 이상 된 묘를 파묘해 합장하는 까닭이다.

함허화상(涵虛和尙) 어록에는 이런 말이 전한다.

'도(道)로써 본다면 사람의 죽은 몸은 물 속에 버려도 좋고, 땅에 묻어도 좋으며, 한데 두어도 좋고 어디에 간직해 두어도 좋은 것이다. 그러나 세상에서 볼 때는 물 속에 버리거나 한데 두는 것은 그 정이 박한 것이요, 땅에 묻거나 어디에다 간직해 두는 것은 그 정이 후한 것이다.'

사형수의 시신을 거둬들여 공동묘지에 묻고, 한많은 영혼을 위해 2홉들이 소주 한 병과 마른안주를 장만하는 교도소 사람들의 배려는 그 정(情)이 얼마나 후한 것일까. 그러나 죽음을 집행하고, 그 영혼을 위로해야만 하는 사바세계의 악연이 아쉽기만 하다.

반면 1976년부터 20년이 넘게 매년 서너 차례 이곳 사형수 묘역을 찾아 영혼들을 위로하는 스님이 있다. 바로 재소자 교화로 세속 사람들의 심금을 여러 차례 울린 박삼중(朴三中 부산 자비사 주지) 스님이다. MBC-TV 수사반장에 방영됐던 〈참새와 사형수〉의 주인공인 박영근 씨와의 인연이 이곳을 찾게 된 동기가 되었다.

사형수 박영근과 삼중 스님의 첫 만남은 대구교도소에서였다. 당시 10여 명의 사형수 중 불교에 귀의한 불자가 1명도 없는 것을 안타깝게 여긴 삼중 스님은 교도소 내 법사에게 부탁하여 새로 입소한 사형수를 소개받게 된다. 기존의 사형수들이 기독

교를 믿기로 약속된 만큼 이들을 억지로(?) 개종시키고 싶지
않아서였다.

▲ 재소자교화연합회 회장인 삼중 스님이 사형수 묘역을 찾아 고인의
왕생극락을 기원하고 있다.

　사형수 박영근 역시 기독교 신자였다. 따라서 박씨는 스님을
만나려 하지 않았을 뿐더러 불교 자체를 거부하는 상태였다.
이때 역할이 컸던 사람이 교도소 내 불교신도회장이었던 나윤
주 씨였다.
　나씨의 꾸준한 설득이 사형수 박영근의 마음을 열게 했으나
이번에도 인간적인 만남을 고집, 종교 이야기는 꺼내지 않는다

는 조건이 붙었다. 삼중 스님 역시 이 제의를 수락하여 1976년 두 사람이 운명적인 만남을 갖게 되었다. 그러나 세연이 깊은 탓일까. 아니면 전생의 인연 때문일까. 두 사람은 구면인 처지였다. 아니 삼중 스님이 어디선가 한두 번 만났던 기억이 분명했다. 이때 박영근이 알 듯 모를 듯 미소를 지으며 말을 꺼냈다. 16년 전 청하 보경사에서 스님을 많이 보았다는 것이다. 삼중 스님이 보경사에서 외지인을 대상으로 사찰 안내를 맡았던 적이 있었다. 이때 사하촌(寺下村)에 살고 있던 박영근이 이들 틈에 섞여 삼중 스님의 안내를 받은 것이다.

가난한 청년의 죽음

일본 속담에 '가난이 도적질'이란 말이 있고 우리나라에서도 '가난이 죄'라는 말이 있다. 또 메난드로스는 그의 단편집에서 '가난한 자는, 가령 진실을 말한다 해도 믿어 주지 않는다'고 말했다.

젊은 청년 박영근이 사형수가 된 것도 바로 가난 때문이었다. 박영근은 서자(庶子)로 태어났다. 그의 아버지는 시골의 면장이었다. 큰 벼슬이라고는 할 수 없지만 시골에서 면장은 그 지위가 대단했다. 그래서인지 아버지는 여자와 술을 무척이나 좋아했고 소실도 여럿 두었다. 두 번째 부인에서 태어난 이가 바로 박영근이었다. 이미 위로는 배다른 형제가 네 명이나 됐는데 본부인이 일찍 죽는 바람에 박영근의 어머니가 본처 자리로 들어앉게 되었다.

그러나 다 자란 이복형제들은 박영근의 친모 때문에 자기의
어머니가 홧병으로 죽었다는 피해의식이 팽배하여 어린 박영근
을 가만 두지 않았다. 이 바람에 어머니는 가출하고 아버지는
새 어머니를 또 얻게 된다. 이후 네 명의 배다른 동생이 태어
났다. 배다른 형제 사이에 혼자 남게 된 박영근은 온갖 핍박을
겪으면서 청년으로 성장하여 애인을 만나 동거에 들어갔다.

이때 현실적인 문제로 드러난 것이 돈이었다. 다행히 처형이
결혼 때 받은 금목걸이를 빌려줘서 이를 전당포에 맡기고 빌린
5만 원으로 사글세방을 얻게 되었다. 그러나 운명의 여신은 장
난을 계속한다. 처형 남편이 아내가 목걸이를 차고 다니지 않
자 엉뚱한 의심을 품게 된 것이다. 결국 처형은 박씨에게 목걸
이를 돌려달라고 부탁하게 됐고, 한푼도 가진 것이 없는 박씨
는 자신에게 호의를 베풀어 준 처형을 더 이상 곤란하게 할 수
없다고 고민하다가 그날 밤 주인 부부의 방에 침입하여 텔레비
전을 훔치게 된다. 그러나 초보(?) 도둑 박영근은 TV수상기를
통째로 가지고 나오다가 주인에게 들켜 버렸다. TV 코드에 걸
려 주인 부부가 잠이 깬 것이다. 주인 부부는 밤손님이 자기
집에 세들어 사는 박씨인 것을 확인하고는 심한 배신감에 소리
를 지르게 됐고, 박씨는 엉겁결에 뒷주머니에 차고 있던 망치
를 꺼내 주인집 남자 머리를 내리쳤다. 결과는 사망이었다.

이때 박씨가 차고 있던 망치는 몇 시간 전 자신의 방 벽에
못을 치던 것이었다. 미처 빼놓지도 못한 채 도둑질을 하게 됐
고, 그것이 흉기가 돼버린 것이다. 더 기가 막힌 일은 그 망치
가 과거 삼중 스님이 머물렀던 보경사 골짜기에서 주은 것이었

다니 운명치고는 잔인하기조차 했다.

　이렇게 해서 사형수가 된 박영근은 주인 아주머니의 탄원과 주위 사람들의 구명 운동에도 불구하고 끝내 형장의 이슬로 사라졌다. 박씨는 재소자 시절, 인정이 많았던 사람으로 평가받았는데, 그 동기는 〈참새와 사형수〉라는 TV 드라마와 책이 나오고부터였다.

다리 다친 참새 구해 줘

　내용은 이렇다. 어느날 다리를 다친 참새 한 마리가 교도소 담 안에 떨어져 있었다. 이것을 동료들이 주워다 사형수인 박영근 씨에게 주었다. 박씨는 참새를 치료해 주고 보살펴줘 결국은 완전히 소생시켰다. 참새와 죄수의 조우는 교도소 내에서 다른 동물을 키울 수 없다는 규칙도, 매서운 소장의 눈총도 피할 수 있을 만큼 감동을 주었다.

　한번은 소장 순시 때 참새를 품안에 감춰 '위기'를 모면하는 듯했으나 갑자기 새가 지저귀는 바람에 들키고 말았다. 당장 독방에 가두라는 명령이 떨어지고 조사가 발동됐다. 결과는 무죄(?). 사연을 들은 소장이 이해하기로 했기 때문이다.

　사형 집행이 있던 날 박영근 씨는 참새를 자연의 품에 놓아주면서 자신의 혼도 따라 보냈다.

　그리고는 사형수 묘역에 묻혀 한줌의 흙이 되었다.

　사형수 묘역이 있는 비슬산 기슭은 서쪽 하늘을 바라보고 있다. 불가에서 서쪽은 서방(西方), 곧 정토로써 극락세계를 상징

한다. 또 《아미타경》에는 극락은 사바세계에서 10만억 불토를 지난 서방에 있다고 했다. 사형수들의 영혼이 서방세계에 이르기까지는 또 다른 고난을 거치고 거쳐야 할 것이다.

그러나 분명한 것은 이들이 내생에는 보다 더 큰 그릇으로 이승에 돌아올 것이라는 확신이다. 한줌 흙으로 변해 있을 주검, 그리고 한을 안고 떠나 버린 영혼들. 그들을 위령해 줄 사명은 살아 남아 있는 우리들의 몫이 아닌지. 사형수 묘지를 되돌아 나올 때 하늘에서 떨어지는 빗방울이 또 다른 의미를 안겨 준다.

머슴 집안에서 천자를 배출케 한 명당
가리산의 한천자 묘

묘를 잘 써 머슴 집안에서 천자(天子)가 나왔다면 이보다 더 경사스러운 일이 있을까. 그런데 실제(?)로 머슴이 천자가 된 이야기가 있다.

강원도 춘천의 가리산(해발 1,051미터) 중턱에 있는 '한(漢)천자 묘'가 바로 그 주인공이다. 지금은 산자락 끝에 볼품없는 묘소만 남아 있지만, 지역 주민들 사이에 구전(口傳)돼 오고 있는 전설은 머슴의 신분 상승과 그 영화(榮華)를 잘 대변해 주고 있다. 또 천자는 못 되더라도 자식들의 입신양명(立身揚名)을 바라는 이들이나, 복덕(福德)을 구하려는 기도 인파가 암암리에 이곳을 찾아와 한천자 묘는 수백 년 세월 뒤에도 여전히 중생들의 선망(先望)이 되고 있다.

가리산 중턱에 있는 작은 묘

강원도 춘천 어디엔가에 한천자 묘가 있다는 소문을 듣고 궁금히 여기고 있던 차에 향토 연구가 허영수 씨로부터 좀더 구체적인 정보를 얻을 수 있었다. 소양강 근처 물노리(勿老里)에

가면 한천자 묘에 대해 정확히 알 수 있을 것이라는 내용이었다. 이 말만 믿고 무작정 길을 떠난 것이 한여름 장마철이었다. 다행히 전날 일기예보는 '대체로 맑음'이라고 했지만 TV가 낡아 일기예보가 자주 틀리는 탓(?)인지 길을 떠나자마자 하늘이 벌써 심상치가 않았다. 아니나 다를까, 춘천에 도착하기도 전에 부슬부슬 내리기 시작한 비는, 소양댐 선착장에 이르자 아예 굵은 소나기로 바뀌어 버렸다.

여행(답사) 뒷심은 곧 뱃심(배가 든든해야 만사형통)이라는 사실은 이미 숱한 경험을 통해 잘 알고 있는 터였다. 오후 4시에 출발하는 물노리 경유 북산행 배를 기다리며 막국수 한 그릇을 얼른 비웠다. 먹을 수 있을 때 많이 먹어 두는 것은 오지(奧地)에 들어가기 전 꼭 챙겨야 하는 첫번째 일이기도 하다. 가게에 들러 빵 두어 개와 초콜릿, 음료수 등 식량 대용품을 사 배낭을 채우고 배에 올라타니 외지인은 달랑 나 하나다.

물노리까지 배삯(현지 주민보다 두 배가 비싸다)을 내며 천자묘를 물으니 모르는 사람이 하나도 없었다. 금방 안심이 돼 의자에 앉으며 정확한 천자묘 위치를 되묻자, 이번에는 아는 이는 별로 없고 대신 가리산 중턱에 있는 연국사를 찾아 주지 스님께 물어보면 될 것이라는 말뿐이었다. 다시 시커먼 구름이 뒤덮인 하늘처럼 마음이 어두워지기 시작했다.

물노리에 도착하니 정확히 4시 45분이었다. 꼭 45분을 달려온 셈이다. 가뭄 탓인지 소양호는 물이 많이 줄어들어 물노리 마을 입구까지 배가 들어가지 못하고 근처 임시 선착장에 짐을 풀게 했다. 여기서부터 마을까지는 줄잡아 20~30분을 걸어야

될 판이었다. 다행히 마을 주민이 1톤 트럭을 가지고 마중을 나왔다. 나만 빼고 다들 잘 아는 사이인지라 서슴없이 차에 올라탄다. 머뭇거리고 있다가는 걸음 품을 상당히 팔아야 될 처지여서 인사를 꾸벅 하고 얼른 차 짐칸에 올라탔다.

목표는 마을 회관 앞. 그런데 젊은 기사는 객식구에게 운전 솜씨를 보여주려는지, 비포장 산길을 어찌나 빠르게 달리는지 엉덩방아를 수십 번도 더 찧었다. 그래도 차 탄 덕분에 몇십 분을 벌었다고 생각하니 엉덩이가 불에 덴 것처럼 화끈거려도 기분은 상쾌했다.

배 안에서, 그리고 트럭 기사한테 천자묘로 가는 방향을 거듭 확인한 바 있지만 혹시나 하는 마음에, 산길로 접어들기 전에 만난 마을 청년들을 붙잡고 또 한번 물어보았다. 40분 가량 더 걸어 올라가면 연국사에 이를 수 있다는 답을 듣고서 발걸음을 재촉하는데, 갈림길 이정표는 연국사 대신 한국불교태고종 은주사라는 돌비가 서 있었다. 다행히 마을 청년들이 가리켜 준 방향을 따라 연국사로 올라가다 보니 오른쪽에 큰 입불(入佛)이 보였다. 과거에 절터였거니 생각하면서 걸음을 재촉해 숲속 길을 헉헉거리며 삼십 분쯤 오르니, 지은 지 얼마 안 돼 보이는 은주사 대웅전이 나타났다. 채소밭에서 일하는 보살한테 연국사는 얼마나 더 가야 되느냐고 물으니 바로 여기가 거기라고 대답했다. 어찌 된 영문인지 몰라 당황하고 있는데 주지 스님인 듯한 노비구니가 나오더니 그 대답을 해주었다. 얼마 전 연국사를 은주사로 개명했다고.

스님께 여기까지 온 자초지종을 말하고 한천자 묘소 위치를

묻자 땅바닥에 그림을 그려 가며 정확한 위치를 일러주었다. 해가 지기 전 사진 촬영부터 마칠 양으로 숲속으로 들어가 묘부터 찾았다. 스님의 세심한 배려 때문인지, 아니면 수백 리 길을 마다 않고 찾아온 객을 맞이하기 위해 망자(亡者)가 길 안내를 잘 해주어서인지 묘는 어렵지 않게 찾았다.

은주사 산신각을 지나 2백여 미터쯤 올라가다 보니 그 흔적이 보였다. 분토는 다 허물어져내려 있고 주위는 울창한 산림 때문에 대낮에도 어두컴컴한 그늘이 지는 곳이지만, 북쪽으로 훤히 터 있는 공간이 가슴까지 시원하게 해주었다. 다시 말하면 수백리 저쪽에서부터 기(氣)가 몰려와 응집되는 곳이 바로 한천자 묘터가 되는 셈이다. 능선의 끝이라면 끝이요, 가리산 정상과 연결되는 시작점이라면 그 점이 될 만한 곳에 묘가 들

어서 있는 셈이다.

　허물어진 봉분 앞에 누군가 정성들여 갖다 놓았음직한 스텐리스 잔 하나가 고분(古墳)과는 오히려 부조화를 이루고 있다는 생각이 들었지만, 이곳이 머슴 집안에서 천자를 배출케 한 명당이라는 사실(?)에는 공감이 잘 안 간다. 글쎄 범부(凡夫)의 눈으로 명당의 실체를 가늠할 수 있겠냐만, 어쨌거나 여기에 천자묘가 들어서게 된 이유는 무척이나 궁금했다.

▲ 봉분이 다 내려앉은 한천자 묘. 덩그마니 놓여 있는 스텐레스 술잔이 격세지감을 느끼게 한다.

　급히 하산해 은주사 주지 스님께 그 전설을 묻지 않을 수 없었다. 이날 들은 한천자 묘 전설은 이렇게 시작된다.

　옛날, 춘천시 북산면 내평리에 한(漢)씨 성을 가진 마음씨 착한 머슴이 살고 있었다. 어느 날 이 머슴이 사는 집에 스님 두

명이 찾아와 하룻밤 쉬어 갈 수 있게 해달라고 간청했다. 그러나 야박한 주인은 방이 없다며 냉정하게 거절하다가 못 이기는 척하더니, 머슴 방이라도 좋다면 거기서 묵고 가라고 했다.

머슴은 스님들을 정중히 자기 방으로 모셨다. 그러자 봇짐을 푼 스님들은 머슴에게 달걀을 세 알만 구해 달라고 부탁했다. 머슴은 스님들이 육식을 하지 못하니 대신 달걀이라도 먹으려나 보다 싶어 얼른 구해 와 먹기 좋게 쇠죽 끓이는 데다 삶아서 갖다 드렸다.

머슴은 혹시 더 필요한 것이 없을까 싶어 문 가까이 갔다가 스님들이 조심스럽게 나누는 대화를 그만 엿듣게 되었다. 스님들은 가리산에 있다는 명당 터를 확인하러 온 사람들이었다. 스님들의 대화는 이러했다.

가리산 명당 터에 달걀을 묻어 두고 기다려 보아 이것이 축시(丑時 오전 1~3시 사이)에 부화돼 홰를 치면 천자가 나오는 터가 틀림이 없고, 인시(寅時 오전 3~5시 사이)에 부화하면 역적이 날 자리라는 것이었다.

이 소리를 엿들은 머슴은 웃음이 나왔다. '삶은 달걀에서 웬 병아리' 하면서도 엿들은 사실이 탄로날까 봐 차마 그 이야기를 털어놓지를 못했다. 한밤중이 되자 스님들은 잠자리에서 일어나 집을 나섰다. 옆에서 잠자는 척했던 머슴도 슬그머니 일어나 스님들의 뒤를 따르기 시작했다. 스님들은 소양강을 건너더니 물노리에 있는 가리산 중턱으로 올라가는 것이었다. 그리고는 어느 산자락에 이르러 달걀을 파묻어 놓고는 부화되기를 기다리고 있었다. 그런데 천자가 나온다는 축시가 지나고 인시

까지 지나도 아무런 기척이 없었다. 숲속에서 이를 몰래 지켜
보던 머슴은 또 속으로 중얼거렸다.

'그럼 그렇지. 아무렴 삶은 달걀에서 무슨 병아리가 나온다고
저 야단들일까.'

머슴이 중얼거리고 있는 사이에 어느덧 묘시(卯時 오전 5~7시
사이)가 되었다. 그런데 이때 삶은 달걀을 묻어 놓은 곳에서 닭
이 튀어 나오며 홰를 치는 게 아닌가. 그러자 스님들은 투덜
거리며 일어났다.

"에이 헛수고만 했네. 하필 묘시에 닭이 나올 게 뭐람. 이곳
은 천자도 역적도 아니 날 곳이 아닌가."

그런데 한 스님은 못내 아쉬운 듯하면서 한마디를 보탰다.

"닭이 묘시에 홰를 쳤더라도 금으로 만든 관을 쓰고, 황소 백
마리를 잡아 제사를 지내고 나면 천자가 나올 수 있는 명당이
될텐데. 그런 정성을 쏟을 사람이 어디 있겠는가."

그러더니 두 스님은 산을 내려가 버렸다.

집에 돌아온 머슴은 스님들의 이야기가 귀에서 떠나지 않았
다. 그래서 몇 달 전 돌아가신 아버지의 시신을 그곳에 옮겨
묻기로 결심했다. 역적이 나든 말든 종놈의 신세보다야 더 낫
지 싶어서였다. 궁리 끝에 머슴은 금관을 대신해 노란 귀리(볏
과의 두해살이 재배식물로 열매를 먹는다)대로 시신을 싸서 묻었
다. 그러나 머슴 팔자에 황소를 잡아 제사를 지낼 수는 없었다.
더군다나 백 마리를 장만해야 된다고 하지 않았던가. 아쉽지만
그냥 돌아서야 할 참이었다. 주변 정리를 하고 담배 한 대를
피우며 쉬고 있는 동안 몸안에 있던 이들이 난리법석을 떨어

댔다. 참다 못한 머슴이 윗옷을 벗어 들고 이를 잡기 시작했다. 그런데 이가 어찌나 머슴의 피를 많이 빨아 먹었는지 그 크기가 엄청났다. 머슴은 이를 잡으며 무심코 '어따 이놈의 이들 꼭 황소만하네' 하고 소리를 연발했다. 그러길 벌써 백여 마리째를 잡아 무덤 앞 잔디에 떨어뜨렸다. 엉겁결에 머슴은 황소 대신 황소만한 이를 백 마리나 제물로 올린 셈이 되었다. 머슴은 이제사 아버지의 유택을 마련해 드렸다는 안도감을 갖고 산에서 내려왔다. 그리고 나서 며칠이 지났다. 한밤중에 뇌성벽력 같은 소리가 들려 왔다.

"너는 빨리 일어나 아이를 데리고 집을 떠나라."

머슴은 그 소리에 너무 놀라 잠자는 아이만 깨워 급히 산으로 올라갔다. 얼마 후 엄청난 폭우가 쏟아지기 시작하더니 온 동네가 삽시간에 물에 잠겨 버리는 게 아닌가. 머슴이 살던 집도 논밭도 흔적없이 사라져 버렸다. 겨우 목숨을 구한 머슴은 살길을 찾아 북으로 북으로 한없이 올라갔다. 그러자 어느덧 중국을 넘어가는 국경 근처에 이르게 되었다.

그때 중국에서는 천자가 죽고 후사가 없어 새 천자를 구하고 있는 중이었는데 그 방법이 독특했다. 관리들이 길가에 짚으로 만든 북을 걸어 놓고 오가는 사람들에게 쳐보게 했다. 천자가 될 인물은 짚북을 쳐도 소리를 낸다는 것이었다.

한씨 머슴도 혹시나 하는 심정으로 북을 쳐보았는데 역시나 소리가 나지 않았다. 하는 수 없이 그냥 지나치려는데 관리가 머슴의 어린아이에게 '너도 사내자식이니 한번 쳐봐라'며 농담처럼 말했다. 얼떨결에 북채를 쥔 아이가 힘껏 북을 내리치자

놀랍게도 '쿵, 쿵, 쿵' 하면서 북이 울렸다. 관리는 깜짝 놀라는 표정을 짓더니 이내 엎드려 코가 땅에 닿도록 머리를 조아렸다. 이후 머슴 아들은 중국의 천자가 되었다. 이후로 한씨 머슴이 살던 마을은 한터로 부르게 되었고, 그 묘소 자리는 한천자 묘가 돼 오늘날까지 내려오고 있다.

기(氣)가 응집된 명당으로 소문

은주사 주지 보경 스님은 또 이런 말을 덧붙였다. 한천자 묘는 수백 년의 세월이 흘러 볼품이 없지만 골짜기 입구에서부터 느껴지는 기운은 어느 곳에서도 찾아볼 수 없을 만큼 세다는 것이었다. 1980년대 초까지만 해도 이곳 마을 사람들은 은주사 (연국사) 산신각 자리에서 매년 삼짇날(음력 3월 3일)마다 가리산 산신께 제를 올렸다고 한다. 이때는 산 돼지를 마을에서 골짜기 입구까지 몰아서 오는데, 이 돼지가 산 중턱쯤 올라오면 급사(急死)를 한다는 것이었다. 이는 산 기운에 의한 것인데, 마을 사람들은 이 사실을 더 잘 알고 있어 돼지를 일부러 죽이지 않고 이곳까지 끌고 온다는 것이다. 그런데 요즘은 정육점에서 돼지 머리만 사가지고 와서 제사를 지내는 통에 별난 의식을 보기가 힘들게 됐다고 한다.

또 이곳이 기가 세다는 소문을 믿고 사실 확인차 왔던 한 카메라맨은 한천자 묘를 촬영하다 멀쩡한 카메라가 고장이 났는가 하면, 내려오는 도중에 반나절 이상을 제자리서 뱅뱅 돈 경우도 있었다고 한다. 모두가 기가 센 곳이기 때문에 생긴 일이

라는 것이다.

또 이곳에서는 말을 잘못해 패가망신(敗家亡身)한 사람도 있다. 은주사와 천자묘 위쪽에는 과거 광산을 한 흔적이 있다. 일부에서는 중석을 캐던 곳이라고도 하고 또 다른 이는 중요한 광석을 캔 곳이라는 말을 하고 있지만, 어쨌든 광산이 있었던 것은 틀림이 없다. 이때 광산을 하던 주인이 '가리산 밑을 몽땅 파내 산을 무너뜨리겠다'고 호언했는데, 이 말이 퍼진 뒤 얼마 안 돼 사업이 기울기 시작하여 결국은 야반도주하는 신세가 됐다고 한다.

물노리 사람들은 날이 가물거나 마을에 좋지 않은 일들이 계속해 일어나면 천자묘를 파묘해 보는 풍습이 있다. 그때마다 천자묘 터에서는 누군가 몰래 묻어 놓은 시신이 나오곤 했다. 명당 덕을 보려는 사람들이 마을 사람 몰래 시신을 묻어 놓고 가버리기 때문이었다. 천자가 난 자리에 함부로 묘를 쓰면 그 마을에 재앙이 내린다는 속설에 따라 마을 사람들이 더 큰 재앙을 피하기 위해 파묘를 해보는 것이다.

그러나 이곳이 액(厄)만 가져다 주는 곳은 아니다. 일부인들 사이에서는 오히려 복과 행운을 주는 곳으로 입 소문이 나 있을 정도다. 강원도 심마니들 사이에서는 해마다 이곳에 와 제일 먼저 벌초하는 사람이 산삼을 캔다는 믿음이 전하고 있으며, 일반인들도 가장 먼저 잡초를 뽑아 주면 그 집안이 한 해 동안 운수대통한다는 소문이 나 있을 정도다. 덕분에 천자묘는 봉분이 다 내려앉고 비석 하나 세워져 있지 않지만, 잡초가 자랄 틈이 없다. 풀 하나 뽑고 복 달라고 이곳까지 찾아오는 중생들

때문이다.

얘기는 길고, 갈 길은 먼데

그렇잖아도 해가 짧은 산동네. 배편도 없고 차도 없으니 자고 가라는 주지 스님의 호의를 마다하고 산길을 내려올 수밖에 없었던 까닭은, 다음날 서울에서 오랜 지인(知人)과의 선약이 있어서였다. 낮에 낚시를 하러 들어온 몇몇 지프를 눈여겨봐 놓은 것도 내심 믿는 구석이었다. 연국사에서 10여 분 내려오자 이번에는 고깔바위가 눈에 띄었다. 사실 여름에는 숲이 우거져 눈에 잘 띄지는 않는다. 다만 스님한테 정확한 위치를 언질받고, 주변을 잘 살펴본 덕분에 대략 그 모습을 확인하고 올라가 볼 수가 있었다.

고깔처럼 생겼다고 해서 붙여진 이름인 듯싶지만 기실 고깔은 또 어떤 모양새인가. 소위 사내의 심볼을 닮은 남근석(男根石) 모양이 아닌가. 그저 점잖은 이름이 고깔바위인 셈이다. 그런데 이 바위 측면에는 구멍이 뻥 뚫린 여근석(女根石)도 함께 있다. 그래서 영험이 배(培)가 되는 것일까. 이곳은 1년 내내 무속인들이 몰려든다고 한다.

답사한 날도 장마철임에도 불구하고 비닐 하우스까지 설치해 놓고 기도하는 이가 있는가 하면, 그 옆에는 아예 자연석으로 구들을 만들어 놓아 언제든지 불을 지필 수 있도록 해놓았다. 산불 내기 꼭 좋은 시설(?)이어서 아찔하게 했다. 어둠이 시작된 산속에서 급히 카메라를 빼들고 몇 장을 담은 뒤 다시 마을

을 향해 구보를 시작했다. 우선 낚시꾼들이 모여 있던 길가로 나가는 것이 급했으니까.

　결국 나루터까지 나오는 데는 성공했으나 이미 이곳에 있던 꾼들은 빠져 나간 뒤였고, 춘천 쪽으로 갈 수 있는 길은 강 건너에 있었다. 다행히 물이 빠진 지류를 건너 30~40미터의 벼랑을 기어오르는데, 바위는 미끄러워 잡기 힘들고 잡목은 뿌리가 짧아 잡는 대로 뽑혀 버리니 도무지 기댈 곳이 없었다. 그것도 벼랑 중간에서 당한 일이고 보니 진퇴양난이 다름 아니었다. 겨우 혼신의 힘을 다해 벼랑을 기어오르고 나니 이번에는 오른손 검지에 통증이 왔다. 어둠 속에서 살펴보니 손톱이 갈라져 피가 뚝뚝 떨어지고 있는 게 아닌가. 땀 닦던 손수건으로 돌려 묶고 다시 길을 재촉했는데, 한 시간을 걸어도 민가가 보이질 않는다. 아니 민가는 그만두고 아무런 불빛도 보이지 않았다. 그런데다가 세 갈래 길을 만나고 보니 방향 감각이 제로가 됐다. 자칫하다가는 더 깊은 산중으로 들어갈 참이었다. 온갖 상식을 다 동원해 큰길로 향하는 쪽을 찾아보지만 소득이 없었다. 길 넓이나 차량이 다닌 흔적도 비슷했고, 산으로 가려진 방향도 똑같았다. 혹시 전봇대가 큰 쪽이 나가는 길이 아닌가 싶어 이쪽저쪽을 다니며 보아도 마찬가지였다.

　기도는 이럴 때 하라고 있던가. 결국 오른쪽 길을 택해 30분쯤 더 걷자 불빛이 들어왔다. 너무 반가워 무작정 뛰어들었다가 주인도 놀라고 나도 놀랐다. 주인은 깊은 산중, 그것도 한밤에 배낭을 멘 사람이 들이닥치자 깜짝 놀랐고, 그 사람들이 너무 당황하는 바람에 나는 덩달아 놀란 셈이다.

이들은 서울에 사는 사람들로 시골집을 사서 별장처럼 개조
하고 있던 터였다. 저녁 늦게까지 공사를 하다가 마당에 모닥
불을 피워 놓고 고기를 구워 먹고 있는 중이었다. 이들한테 큰
길로 나가려면 어느 쪽으로 가야 하느냐고 묻자 경계의 눈빛으
로 다시 한번 아래위를 훑어보았다. 그러면서 '정말 당신 뭐하
는 사람이요' 하고 묻는다.

여차저차해서 가리산에 있는 한천자 묘를 찾아갔다가 오는
길인데 배편도 끊기고, 낚시 차량을 얻어 탈 양으로 무작정 길
을 따라 걷다 보니 여기까지 오게 됐다고 하자, '허참 별 사람
다 보겠군' 하더니 자리 한 켠을 내주었다.

"이보시오, 여기서 큰길까지만 해도 내 지프로 시간 반 이상
걸려요. 그런데 이 밤중에 걷겠다니 말이 되오. 큰길에서 춘천
까지는 또 얼마나 걸리는데."

낮에 내리다 그친 비가 다시 한두 방울씩 떨어지기 시작했고,
시장한 뱃속에서는 먹을 것을 넣으라고 아우성인데, 밤 거리로
내밀리다가는 큰일나지 싶어진다.

"저, 그러면 오늘 밤 내가 이곳에서 보초를 서 드리면 안 되
겠습니까. 보아하니 건축 자재도 많고 비싼 연장도 있는 것 같
은데……."

그러자 주인인 듯한 사람이 호탕하게 웃으며 말했다.

"보소, 아무 말 말고 이 고기나 좀 들면서 천자묘 이야기나
해주소. 재미있으면 하룻밤 재워 드리리다."

이 소리에 적이 안심하면서 한천자 묘 전설에다 '뻥'까지 섞
어 가며 신나게 이야기를 했다. 이날처럼 내 입이 바빴던 적도

드물었다. 고기 한 점이라도 더 먹으랴, 전설을 말하랴. 안 그
랬겠는가.

 늦은 밤, 담요 한 장과 베개를 받아들고 일꾼들과 함께 방에
누웠는데 이번에는 더 큰 걱정에 잠이 안 왔다. 일꾼 중에 김
씨라는 사람이 있었는데 얼마나 코를 요란하게 고는지, 차라리
길을 계속 가다가 바위 밑에서 새우잠을 자는 게 더 낫지 싶어
졌다. 이날 밤 영원히 잠 못 들 것 같았는데 새벽녘 그만 살포
시 잠이 들었나 보다. 그런데 갑자기 천둥 번개와 함께 폭우가
쏟아지는 소리에 잠이 깼다. 방안까지 뿌려 대는 빗줄기는 그
기세 또한 엄청났다.

 아침까지 내리던 비가 잠시 소강 상태에 빠지자 서둘러 이
집에서 빠져 나와 아랫마을 선착장으로 나갔다. 골짜기마다 불
어난 물 때문에 등산화는 이미 장화로 변해 버렸고, 청바지는
흙탕물 범벅이 됐다. 물에 빠진 쥐 모양으로 선착장에서 아침
배를 기다리며, 전날 소양댐 휴게소에서 산 빵과 음료수로 아
침식사를 대신했다. 그래도 어젯밤 몇 점 얻어먹은 고기 덕분
에 배고픔은 면할 수가 있었다.

 10시가 조금 넘어 배 한 척이 들어왔다. 혹시나 나를 보지 못
하고 그냥 갈까 싶어 실성한 사람처럼 윗옷을 벗어 흔들며 소
리를 질러 댔다. 그도 그럴 것이 선착장에는 나 혼자만 있었기
때문이다. 반갑게 배에 올라타자 이곳에도 손님은 역시 나 하
나뿐이 아닌가.

 이날 늦게 동서울터미널에 도착하자 이번에는 경찰이 다가오
더니 신분증 좀 보잔다. 하기사 내 꼴이 오죽했으면 요즘 세상

에 검문을 다 당할까.

이날 집에 와서 샤워하고 TV를 켜니 춘천지방에 호우경보가 내려 있었다. 아, 이날 밤 공사중인 서울 사람들을 만나지 못하고 한없이 걸었다면 중간에 만난 폭우를 어찌했을까. 지금 생각해도 몸서리가 쳐진다. 그런데 한 가지 묘한 것은 묘지를 찾아 취재할 때마다 큰 어려움을 당하지 않는다는 확신이다. 망자(亡者)가 자신의 유택을 찾아온 손님에 대한 배려 때문일까. 깊은 산중 잡목과 잡초에 덮여 있는 묘터도 단 한번에 찾아낼 때가 많다. 그리고 되돌아올 때도 차가 끊긴 시간이지만 용케도 다른 탈 것을 만나게 되어, 헛 발품을 파는 경우가 드물었다. 이번에 취재한 천자묘도 장마철에 무리한 도전이었지만 용케도 모든 어려움을 피할 수 있었잖은가. 서울에서의 선약까지도 지킬 수 있었으니 말이다. 참 묘한 일이다. 전설만 듣던 천자묘 취재도 이렇게 끝냈다.

합정동 외국인 묘지공원

　‘인간이 죽은 후에도 영혼은 자주적 인격적으로 계속 존재한
다(靈魂不滅說)’는 믿음 때문일까. 아니면 전생에 이 땅과 깊은
인연이 있어서일까. 지금도 서울 마포구 합정동 145번지에 위치
한 외국인 묘지공원에는 국내에서 숨진 5백여 명의 외인들이
자신의 뜨거웠던 ‘심장’을 깊숙이 묻어 두고 있다. 이미 살과
뼈가 진토(塵土)가 돼 이 땅에 한줌 흙을 보탠 이들이지만, 영
혼이라도 한국인이 되고 싶다는 의지 표현인 양 각양각색의 비
석으로 다시 태어나 우리들을 지켜보고 있다. 영혼불멸설도 전
생설도 이들이 한국을 사랑하는 마음을 움직이는 데는 큰 도움
이 되지 않았음을 짐작할 수 있다.

　영문으로 쓰여진 헐버트(1863~1949, 미 감리교 선교사) 묘비에
는 ‘나는 웨스트 민스터 사원에 묻히기보다는 한국에 묻히기를
원하노라’고 기록돼 있어 영혼만이라도 이 땅에 남고 싶어했던
생전의 심정이 절절이 배어 있다.

　통칭 ‘양화진 외국인 묘지’로 불리는 외국인 묘지공원은 한강
이 내려다보이는 마포구 합정동에 위치하여 영혼과의 교감(交

▲ 합정동 외국인 묘지는 세계 묘지 전시장을 방불케 할 정도로 다양한 비석들이 들어서 있다.

感)을 짙게 한다. 대해(大海)로 빠져 나가는 한강수가 이들의 고향인 태평양(美國)과 대서양 연안(英國)으로 흘러들기 때문이다.

현재 이곳에는 5백여 기의 외인(外人) 무덤이 조성돼 있는데 확인된 국적은 미국인이 235명으로 가장 많고, 러시아인이 54명으로 뒤를 잇고 있다. 또 영국인 30명, 프랑스인 25명, 호주인 12명, 캐나다인 7명, 스페인인 4명, 덴마크인 3명, 일본인 1명이 있으며, 국적이 확인되지 않은 시신도 1백여 구 매장돼 있다. 또 외국인 묘지 속에 한국인 무덤도 20여 기나 되는데, 이들은 성공회 고아원에 수용돼 있던 어린이들과 외국인과 결혼한 사람들이 대부분이다.

1백여 년 전 조성된 '이방인 터'

외국인 묘지공원이 한국 속의 '이방인 지대'로 자리잡게 된 것은 지금으로부터 110년 전 미 북장로교회 의료선교사였던 혜론(J. W. Heron)이 1890년 7월 26일 급환으로 사망한 것이 결정적 동기가 되었다.

1885년 입국하여 알렌(HN Allen, 1858~1932)과 함께 광혜원에서 의료사업을 하던 혜론이 내한 5년 만에 급사하자 선교사들은 마땅한 매장지를 찾지 못해 전전긍긍하게 되었다. 1883년 개항한 인천(제물포)에는 외국인 묘지가 조성돼 있었지만 한여름에 시신을 그곳까지 옮기기에는 교통이나 날씨 관계로(장마) 사실상 불가능했다.

이때 선교부측은 조선 조정에 이 같은 전후 사정을 밝히고 서울 가까운 곳에 묘지 터를 지정해 줄 것을 요청해 얻어낸 땅이 한강변 야산 기슭의 모래땅이었다. 그러나 현장에 가보니 지질(地質)과 위치 등이 묘지로는 부적합히어 시신을 매장할 수가 없었다. 반면 민가(民家)에서는 외국인 시신을 동네에 묻으면 재앙이 내린다는 속설도 있었고, 또 왕궁에서 30리 이내에는 묘를 쓰지 못하도록 법으로 금지하여 선교사 혜론의 시신은 계속 방치될 수밖에 없었다.

이에 선교사들은 궁여지책으로 조선인 서생들이 합숙을 하며 성서 번역 등을 도와주던 집 뒤컨에 무덤을 쓰려고 했으나 문책을 두려워한 서생들이 반대하여 뜻을 이룰 수 없었다. 이들은 썩어 가는 시신을 바라만 보고 있을 수 없어 급기야 시체를

밀봉해 헤론이 살았던 집 뒤뜰이나 정동 선교부 구내에 임시 매장을 하려고 했지만, 이 사실이 알려지면서 또다시 무산됐다.

이때 상황이 날로 악화돼 가는 것을 보다 못한 알렌이 미국 공사관과의 두터운 친분을 이용, 조정과 협상에 들어가 고종 황제로부터 현 장소를 하사받은 것이 오늘날 외국인 묘지공원 의 효시가 되었다. 반면 헤론은 서울서 죽은 최초의 외국인이 라는 기록을 남겼다.

1세기를 넘게 버텨 온 외국인 묘지공원은 한반도 개화기의 생채기를 고스란히 담고 있는 산 역사의 교육장이기도 하다. 1882년 3월 한·미 수호조약에 이어 한·영, 한·독 수호조약이 연거푸 체결되면서 외국인들이 대거 몰려들기 시작했고 당시 이 땅에서 숨진 이들의 흔적으로 외국인 묘지가 조성됐기 때문 이다.

이 묘지공원의 첫 이름은 경성 구미인 묘지회(Seoul Foreigne -rs Cenetery)이다. 한·일 합병 후 1912년 일본인이 작성한 토 지대장에 첫 기록이 남아 있다. 또 2차 세계대전 이전에는 미·러·프·영·독 등 5개국 공사관에서 차례로 회장국이 돼 이 묘지를 관리해 왔으며, 6·25 전쟁 이후에는 서울·외국인 연합교회(Seoul union church)에서 묘지 위원을 선출하고 예산을 세워 관리·운영해 왔다.

1978년 서울시의 도시계획(제2한강교 진입로 및 전철 2호선 공 사)에 의해 묘역 상당 부분이 들어가게 돼 보상 관계로 확인해 본 결과, 이 땅이 미등기 상태임이 밝혀지기도 했다. 이에 따라 5년 이상 소유권 취득을 위해 노력했으나, 외국인 토지법에 저

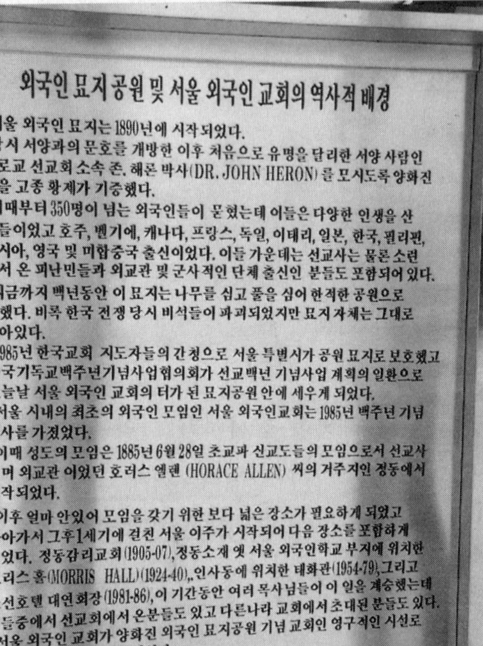

외국인 묘지공원 및 서울 외국인 교회의 역사적 배경

서울 외국인 묘지는 1890년에 시작 되었다.

당시 서양과의 문호를 개방한 이후 처음으로 유명을 달리한 서양 사람인 장로교 선교회 소속 존. 해론 박사(DR. JOHN HERON)를 모시도록 양화진 땅을 고종 황제가 기증했다.

이때부터 350명이 넘는 외국인들이 묻혔는데 이들은 다양한 인생을 산 분들이었고 호주, 벨기에, 캐나다, 프랑스, 독일, 이태리, 일본, 한국, 필리핀, 러시아, 영국 및 미합중국 출신이었다. 이들 가운데는 선교사는 물론 소련에서 온 피난민들과 외교관 및 군사적인 단체 출신인 분들도 포함되어 있다.

지금까지 백년동안 이 묘지는 나무를 심고 풀을 심어 한적한 공원으로 변했다. 비록 한국 전쟁 당시 비석들이 파괴되었지만 묘지자체는 그대로 남아있다.

1985년 한국교회 지도자들의 간청으로 서울특별시가 공원 묘지로 보호했고 한국기독교백주년기념사업협의회가 선교백년 기념사업 계획의 일환으로 오늘날 서울 외국인 교회의 터가 된 묘지공원 안에 세우게 되었다.

서울 시내의 최초의 외국인 모임인 서울 외국인교회는 1985년 백주년 기념 행사를 가졌었다.

이때 성도의 모임은 1885년 6월 28일 초교파 신교도들의 모임으로서 선교사이며 외교관 이었던 호러스 엘렌 (HORACE ALLEN) 씨의 거주지인 정동에서 시작되었다.

이후 얼마 안있어 모임을 갖기 위한 보다 넓은 장소가 필요하게 되었고 나아가서 그후 1세기에 걸친 서울 이주가 시작되어 다음 장소를 포함하게 되었다. 정동감리교회(1905-07), 정동소재 옛 서울 외국인학교 부지에 위치한 모리스 홀(MORRIS HALL)(1924-40),. 인사동에 위치한 태화관(1954-79), 그리고 조선호텔 대연회장(1981-86), 이 기간동안 여러 목사님들이 이 일을 계승했는데 이들중에서 선교회에서 온분들도 있고 다른나라 교회에서 초대된 분들도 있다.

서울 외국인 교회가 양화진 외국인 묘지공원 기념 교회인 영구적인 시선로 처음 이사한 것은 1986년이었다.

이 교회 건물은 오랫동안 예수교장로회 영락 교회 담임으로 사역하신 한경직 박사가 이사장으로 계시는 한국기독교백주년기념사업협의회가 헌신적인 기독실업인 독지가들의 협찬을 얻어 "선교 기념관" 으로 건립한 것이다.

▲ 외국인 묘지공원 입구에 세워져 있는 안내판의 모습

촉돼 결국 1981년 5월 25일 정부로부터 사용권만 얻는 고충도 있었다. 그러던 중 1985년 3월 이 묘역을 외국인 묘지공원으로 영구히 관리 보존하고 이곳에 선교기념관을 건립, 서울·외국인 연합교회에서 위원을 파송해 운영한 뒤 묘지 전역을 재단법인 한국기독교 1백주년 기념협의회(총재 한경직 목사)에 증여함으로써 오늘의 모습을 갖추게 되었다.

이 과정에서 묘역을 관통하게 설계됐던 전철 2호선은 서울시

가 취소, 묘지 정문 옆을 통과하게 설계가 변경되었다.

묻힌 사연도 각양각색

우리 속담에 '핑계 없는 무덤 없다'는 말처럼 이곳에 묻히게 된 외국인들의 사연도 가지가지다. 이 중 이 묘지공원의 첫 입주자(?)였던 선교사 헤론과 그 부인의 사연은 당시 조선사회의 시각으로는 도저히 이해할 수 없는 내용이 담겨져 있어 관심을 끈다. 사연은 이렇다.

선교사였던 남편 헤론이 급사하자 그의 부인은 2년 후 남편 친구인 게일과 재혼을 하게 된다. 이때 게일은 총각이었으며 친구였던 고(故) 헤론의 성서 번역을 인수하여 사업을 확장하고 있었다. 우정과 선교사업으로 평소 친분이 두터웠던 두 사람은 자연스럽게 결혼까지 이어지게 됐던 것이다. 그러나 운명의 신은 이들을 곧 갈라 놓았는데 고(故) 헤론의 부인이 재혼 6년 만에 유명을 달리한 것이다.

결국 전(前) 남편인 헤론 옆에 묻힌 이 미망인의 기구한 삶은 일부종사(一夫從事)라는 굴레에 얽매여 있던 당시의 조선사회에 적잖은 충격을 주고도 남았다.

반면 1902년 6월 서해안 어청도 앞바다에서 선박 충돌 사고로 순교한 아펜젤러(1858~1902) 선교사는 유골 대신 비석만 서 있는 '빈 무덤'으로 알려져 있다. 사고 후 유골을 고인의 고국으로 운구해 갔기 때문이다. 현재 이 묘지공원에는 아펜젤러 선교사 2세인 아들 부부 무덤만 남아 있을 뿐이다.

▲ 국내 최초 선교사인 아펜젤러의 모습

또. 국내 최초 선교사로 아펜젤러와 함께 활동했던 언더우드는 미국에서 별세해 그곳에 묻혔으나 부인과 아들(원한경) 부부는 외국인 묘지공원에 안치돼 있다.

합정동 외국인 묘지공원 내에는 국내 어느 곳에서도 찾아보기 힘든 러시아인 무덤도 54기나 된다. 이들이 이 땅에까지 흘러 들어오게 된 것은 1917년 볼셰비키혁명을 피해 남하했기 때문인데, 끝내 고국으로 돌아가지 못한 채 뼈와 살을 타국에 묻게 된 것이다.

이들 러시아인의 주검이 묻힌 묘소에 세워져 있는 비석들은

한결같이 총탄 자국이 나 있는 등 파손이 심각하다는 공통점을 갖고 있다. 6·25 전쟁 당시 공산군들이 소위 '반동분자'로 여겨 이들의 비석을 찾아 집중 사격을 가했기 때문이다. 결국 러시아인들은 두 번씩이나 죽은 셈이 되었다.

한편 이곳에는 외국인 어린아이들의 무덤도 많은데 이들은 풍토병에 걸려 죽은 경우가 대부분이다. 그들의 본국에서는 병으로 취급되지도 않았을 하찮은 질병이 이들을 숨지게 했던 것이다.

이 땅에 빛을 전한 사람들 많아

외국인 묘지공원에 매장된 5백여 명의 신분은 선교사(유가족 포함)가 75명(어린이 36명)으로 전체의 5분의 1이 넘는다. 이어 일반인이 46명(어린이 10명), 미군부대와 관련된 사람이 26명(어린이 38명), 소속 불명 44명(어린이 31명) 순으로 나타나 있다.

또 이곳에는 국제 비석 전시장을 방불케 할 정도로 다양한 석물(石物)이 조성돼 있는데, 외국에서 직접 제작해 와 세운 것도 적지않다. 이 중 유일하게 잔디로 봉분을 만든 한국 전통식 무덤 한 기가 묘역 동쪽에 자리잡고 있는데, 그 주인은 서교동 교회 최봉인 장로 부부이다.

반면 이 묘역에는 일본 항공기 추락사고로 숨진 김옥자(KIM OK JA, 1943~1985) 씨의 무덤이 있는데 그 묘비에는 '그토록 나를 편케만 하여 주신 당신! 참으로 존경하며 살아왔는데… 당신 곁에 묻히겠소. 명복을 비오'라고 적혀 있어 보는 이의 가슴

을 뭉클하게 한다.

그러나 이 묘지공원은 1986년 총공사비 5억 5천 5백여만 원을 투입하여 연건평 350평(지하 1층 지상 3층) 규모의 선교기념관이 들어서면서, 매주일마다 1백여 명이 넘는 외국인 교인들이 몰려들고 있어 영혼들을 더 이상 외롭지 않게 하고 있다. 이 땅에 복음의 불길을 지폈던 선배들의 빛을 꺼뜨리지 않고 있기 때문이다.

현재 이곳은 피터슨 목사(미국인)가 매주일 집회를 이끌고 있으며, 평상시에는 관리소장인 이강필(전 마포구 구의원) 씨가 묘역을 돌보고 있다.

사후에 다시 한국 찾은 언더우드 1세

마포 합정동의 외국인 묘역은 별난 묘지답게 별난 사연도 많다. 이 중 선교사 언더우드(Underwood, 1890~1951) 일가의 사연은 우리들에게 많은 감동을 안겨 주고 있다. 언더우드 1세(한국명-元杜尤)는 감리교 선교사 아펜젤러(Appenzeller, 1858~1902)와 함께 이 땅에 복음의 씨앗을 전하기 위해 첫발을 디딘 선교사로 유명하다.

지금으로부터 꼭 115년 전인 1885년 부활절 아침, 두 선교사는 미국 장로교와 감리교단을 대표해 우리 나라 제물포에 상륙을 준비하고 있었다. 우선 두 사람은 배 안에서부터 누가 조선 땅에 첫발을 디딜 것인가를 두고 설왕설래했다. 그러다가는 둘이 손잡고 동시에 내리자는 데 합의하고 하선을 시작했다.

▲ 이 땅에 첫발을 디딘 선교사들의 기도문이 새겨진 비석은 보는 이들의 가슴을 뭉클하게 한다.

그러나 화물선이 제물포항에 도착하자 감회를 못 참은 언더우드가 먼저 땅에 발을 디딤으로써 배 안에서의 약속은 깨졌다.(감리교단 측에서는 아펜젤러 선교사가 먼저 내려 최초의 선교사라고 주장하기도 한다.)

또 한편에서는 배가 연안에 닿자 마음 급한 두 선교사가 물에 뛰어들어 상륙했다는 이야기도 전한다. 이 모든 이야기는 호사가들이 지어낸 것도 많아 그대로 믿을 수는 없다. 하지만 이 일을 계기로 언더우드 일가는 4대째 우리 나라와 질긴 인연을 이어가고 있음은 틀림없는 사실이다.

언더우드 1세가 이 땅에서 펼친 일은 선교사업에 국한되지 않는다. 그는 처음으로 세례를 베풀고 교회를 건립하기도 했지만 한글을 보급하는 일에서부터 의료·교육사업에 이르기까지

모든 분야에서 견인차 역할을 했다. 더불어 조선과 조선인을 세계에 널리 알리는 데도 큰 몫을 담당했다.

특히 언더우드는 사랑방 전도라는 한국문화와 정서에 맞는 전도 방법을 도입함으로써, 이 땅에 개신교의 뿌리가 빨리 활착되게 하는 데 결정적인 역할을 하기도 했다. 그의 일화에는 '전도를 위해 개인 집을 방문했을 때 아랫목이 비었을지라도 반드시 윗목에 앉아야 한다. 그렇지 않으면 건방진 사람으로 취급돼 하나님 말씀이 전혀 먹혀들지 않는다'는 기록이 남아 있을 정도다. 그만큼 우리의 전통과 문화를 일찌감치 깨달아 선교에 접목시킨 인물이다.

이 나라 최고 통치자였던 고종(高宗)과도 의형제처럼 지냈던 언더우드는 연희전문학교를 세우는 등 22년간 이 땅에서 활동했으나 깊은 병에 걸려 치료차 본국으로 들어가 있던 중 애틀랜틱시에서 숨을 거두고 만다. 이때 그는 임종을 지켜보던 부인에게 '거기에 가야 한다'는 말을 되풀이했다고 한다. 그러나 끝내 거기가 어디인지는 말하지 못하고 숨을 거두고 말았다.

그런데 뒤늦게 언더우드가 숨을 거두기 전에 되뇌던 '거기'가 한국땅임을 알게 됐고, 1999년 7월 19일 83년간 선영에서 잠들어 있던 그의 유해가 양화진 외국인 묘역으로 돌아왔다. 아니 정확히 말해서 제2의 고향인 한국땅으로 돌아온 것이다.

그러나 지금 이 시간에도 언더우드가의 스토리는 계속 이어지고 있다. 그의 외아들인 2세 원한경(元漢慶)이 연희전문학교 교장으로 일했고, 3세인 원일한(元一漢)도 교수직을 맡았다가 지금은 재단일을 하고 있으며, 4세인 원한광(元漢光)이 연세대

▲ 개신교 전래 1백주년 기념 행사 중 하이라이트가 됐던 상륙 재연식 모습.

에서 영문학을 강의하고 있기 때문이다.

한국 개신교의 산 역사인 언더우드가의 '한국 사랑'은 대물림 되면서 계속되고 있는 것이다. 이들은 국적을 초월하여 한국 이름은 물론 사후에는 그 뼈를 이 땅에 묻기까지 하는 진정한 한국인이 된 것이다. 1985년 부활절 아침, 한국 개신교는 선교 전래 1백주년을 기념하는 행사로 1백년 전 언더우드가 성경책 을 가슴에 안고 이 땅에 첫발을 내디디던 모습을 재연했다. 이 때 언더우드 역을 맡았던 인물이 바로 그의 증손자인 윌리엄 (한국명-元漢應)이었다. 지금 양화진 외국인 묘역에는 이 땅에 함께 왔던 언더우드와 아펜젤러가 고이 잠들어 있다. 그들의 묘비에는 '항상 기뻐하라. 쉬지 말고 기도하라. 범사에 감사하 라'는 성구와 '섬김을 받으러 온 것이 아니라 섬기러 왔습니다'

는 묘비가 있다.

헐버트 묘비명 50년 만에 새기다

구한말 선교사이자 고종 황제의 외교 조언자로, 조선의 독립을 위해 헌신했던 미국인 호머 헐버트(1863~1949)와 한국 대통령과의 약속이 50년 만에 실현되었다.

약속은 1949년으로 거슬러 올라간다. 헐버트가 세상을 떠나자 당시 이승만 대통령은 그의 묘비명을 써주겠다고 약속했다. 그러나 차일피일 미루다가 약속을 지키지 못했다.

서울 합정동 양화진 외국인 묘지의 헐버트 묘비를 보면 묘비명이 중간에 끊겨 가운데가 휑하니 비어 있다. 바로 이대통령의 글씨를 새겨 넣어야 할 자리였다. 이 땅의 독립을 위해 헌신했던 한 이방인에 대한 우리의 무관심을 상징적으로 보여주었던 이 빈자리에 이제 김대중 대통령의 글씨를 새겨 넣게 됐다. '헐버트 박사의 묘', 이 일곱 글자를 새겨 넣는 데 50년이란 세월이 걸린 셈이다.

헐버트는 1905년 을사조약 직후 그 부당성을 세계에 알렸고, 1907년 고종에게 네덜란드 헤이그 만국평화회담 밀사 파견을 건의했다가 일제에 의해 미국으로 추방당했던 인물이다. 그는 1949년 한국을 찾았다가 일주일 만에 갑자기 세상을 떠났다. 사망 직후 '헐버트 박사 장의위원회'가 구성돼 합정동 외국인 묘지에 시신을 안장하고 묘비를 세웠다. 그리고 묘비에 그의 출생, 사망 일시와 '나는 웨스트민스터 성당보다 한국땅에 묻히길

▲ 호머 헐버트의 묘비. 가운데에 묘비명이 쓰여지기까지 50년의 세월이 흘렀다.

원하노라'는 평소 그의 말을 새겨 넣었다.

이번 결실엔 헐버트기념사업회(회장 신복룡, 건국대 교수)의 집행위원장 정용호 씨의 10년에 걸친 노력이 숨어 있다. 정씨는 그 동안 청와대에 수차례 청원을 해왔는데 김대통령이 이를 받아들임으로써 숙원사업이 이뤄지게 된 것이다.

▲ 외국인 묘지의 효시인 인천 외국인 묘지 모습.

또 다른 이방 지대 인천 외국인 묘지

인천시 연수구 청학동 산 53번지에 위치한 인천 외국인 묘지
는 총 5천여 평의 부지(묘지 면적 101.74㎡)에 66기의 묘가 봉안
돼 있다. 인천 외국인 묘지는 이 지역 내에 흩어져 있던 외국
인 묘를 한 곳으로 이장하면서 그 역사가 시작됐다. 1914년 3
월, 국내에 있는 외국 대사관은 확인된 자국인의 묘를 인천시
중구 북성동 1번지로 이장, 외국인 전용 묘지로 삼았다. 그러던

중 1950년 한국전쟁이 발발하면서 남침한 북한군이 묘역 일부를 훼손시키고, 새로운 묘가 들어서면서 확장 이전이 불가피해짐에 따라 1965년 5월 현재의 위치로 옮기게 됐다.

이곳 묘지의 주인들은 미국·독일인이 각각 11명씩이고, 나머지는 영국인 9명, 러시아인 5명, 이탈리아인 3명 등이다. 이들은 인천 개항 직후 이 일대에서 살았던 선교사, 외교관, 통역사, 선원, 의사로 활동했던 사람들과 그 가족들이 대부분이다. 이 중 선교사로 활동하다 이곳에 안장된 사람으로는 죠셉 마라발(Joseph Mararbal:네덜란드), 벤네트(Bennett:미국), 엘리 바란디스(Elibarrlandis). 그러나 찰스 알버트하디슨(서울 주재 미국 영사)씨와 선원·의사 등도 대부분 기독교 신자였던 만큼, 전체 분위기는 선교사 묘역을 방불케 하고 있다. 이 증거로 이곳에 있는 무덤들의 묘비는 하나같이 십자가 형태를 취하고 있거나, 아니면 관석에 성경 구절을 적어 놓고 있다.

또 다른 특징으로는 우리나라 전통 무덤과는 달리 봉분이나 날개 등은 찾아볼 수 없으나, 비석 모양과 그 형태가 각양각색이어서 세계 비석 전시장을 방불케 한다. 덕분에 묘지에 대한 혐오감보다는 오히려 색다른 호감, 다시 말하면 이국적 풍광을 느낄 수 있는 휴식처로 인식될 정도다.

그러나 아쉽게도 바짝 다가가 보면 그 훼손 정도가 심한 것을 금방 보게 된다. 우선 외국인 묘비에 글을 새기고 거기에다 납을 부어 모양을 낸 것들이 많았는데 양심 없는 이들이 이를 몽땅 파가는 바람에 비석은 곰보가 됐고 글씨마저 알아볼 수 없게 된 것이다.

어디 이뿐인가. 묘지 내의 잔디는 울창한 잡목에 가려 제대로 자라지 못하고 있고 잡초와 쓰레기가 뒹구는 주변 환경은 흡사 이곳을 버려진 땅으로 여기게 한다. 특히 도시 개발로 주위에 들어선 수많은 아파트는 외국인 묘지의 고립화를 부채질하고 있으며, 이대로 더 지나다가는 혐오시설 운운하는 목소리와 함께 또다시 이전 문제가 불거져 나오지 않는다고 보장할 수도 없다.

1990년대 초 이곳을 관리하던 신영철 씨에 따르면 '방문객 수도 별로 없지만 외국인이라도 오게 되면 통역할 사람도, 자료도 없어 당황된다'며 '개화기 우리나라를 위해 애쓰다 돌아가신 외국인들에게 너무 푸대접하고 있는 것 같아 죄송할 때가 많다'고 한다. 이곳은 근래 들어 인천시가 관리사무소를 신축하고 주차장을 만드는 등 일부 성역화 사업을 추진했으나 여전히 일반인들에게는 생소한 곳으로 남아 있다.

방랑 시인 김삿갓 묘지

삼강오륜과 가치관의 붕괴로 혼돈과 파국이 계속되고 있는 우리 사회. 선비가 아니라도 삿갓을 써 얼굴을 가리고 싶을 정도다. 지금으로부터 꼭 171년 전, 김병연도 삿갓으로 얼굴을 가리고 죽장 짚고 바랑을 짊어진 채 전국을 주유하며 풍진 세월을 한탄했다.

당시에도 혼돈과 정쟁이 넘쳐났기 때문이었을까. 아니면 말 못할 사연이 있었을까. 풍자와 해학으로 부패 관리를 촌철살인(寸鐵殺人)하고 서민에게는 꿈과 용기를 주는 시심(詩心)을 선사했던 김삿갓. 욕심도 명예도 몰랐던 만큼 후손들이 그의 무덤을 발견하는 데 적잖은 어려움을 겪었다. 그러나 김삿갓의 무덤은 풍진 세월 속, 예나 지금이나 말이 없기는 마찬가지다.

강원도 영월군 하동면 와석리. 이곳은 태백산과 소백산이 만나는 양백지간으로 지금도 첩첩 산중에 해당되는 오지에 속한다. 여기서 좀더 산속으로 들어가면 '노루목'이 나오는데 외지인은 물론이고 토박이가 아닌 이상 지명조차 모르는 이가 많다.

여기에 김삿갓, 아니 김병연의 유택이 자리하고 있다.

풍류객의 무덤치고는 너무 고적한 데 자리한 셈이고, 천재 시인의 위상으로 볼 때는 사후가 아닌 생전의 쉼터가 알맞을 만큼 산자수명(山紫水明)하다.

삿갓 닮은 무덤만 남아

하동면 와석리 쪽 산길 초입에는 노루목 마을이 있고 이 앞을 가로막는 산봉우리가 일명 노적봉이다.

여기서부터 산길을 따라 어둔리가 시작된다.

군사가 진을 친 듯 겹겹이 에워싼 산마루와 깊은 골짜기가 어둔이란 지명을 낳게 했다.

어둔리 쪽으로 좀 올라서 노적봉을 바라보노라면 언덕 서쪽으로 잘 정돈된 무덤 한 기가 눈에 띄는데, 이곳이 바로 김삿갓의 유택이다. 자연석에 '시선난고 김병연지묘(詩仙蘭皐金炳淵之墓)'라고 새긴 묘비와 상석은 풍류 시인 김삿갓의 생전 모습을 그대로 담고 있는 듯하다.

한때 이 땅의 절경을 찾아다니며 시를 짓고, 때로는 저잣거리서 한량들과 탁주를 들이키며 영원한 자유인으로 걸림없이 살았던 김삿갓이지만, 사후 그의 처소(?)는 인적도 드문 첩첩산중에 몇 평 안 되는 땅만 차지하고 있을 뿐이다. 생전의 방랑벽에 대한 업(業)이라면 지나친 추측일까. 간혹 이곳을 찾는 행인들의 설왕설래도 다양하기는 마찬가지다.

사실 세상 사람들은 김삿갓의 묘에는 관심이 없었다. 그가 남

▲ 방랑 시인 김삿갓의 묘소. 자연석 상석과 비석이 눈길을 끈다.

긴 풍자와 해학, 기지 넘치는 파격적인 시풍(詩風)을 좋아했고, 자유분방함을 선망했기 때문이다. 따라서 김병연(김삿갓) 개인에 관한 이야기도 제대로 아는 이가 드물다.

그저 삿갓 쓰고 죽장 짚고 바랑을 걸머진 채 떠돌아다니는 풍류객을 떠올리는 게 고작이었다.

그러나 1982년 김삿갓의 묘 위치가 알려지고 세상 또한 어수선해지자 김삿갓을 흠모(?)하는 이들이 증가하기 시작하여 지금은 일부러 묘를 찾아오는 객들이 늘고 있을 정도이다.

와도 그만, 가도 그만

영월읍에서 김삿갓 묘가 있는 데까지는 약 30여㎞ 정도. 승용차를 이용하면 금상첨화지만, 택시를 대절할 경우 왕복 요금을

지불해야 되기 때문에 4만 원은 주어야 운전사의 찡그린 얼굴을 안 볼 수 있다. 그러나 대중교통을 이용해 이곳을 찾으면 1천4백 원 가량이면 충분하다. 대신 다리품(?)을 많이 팔아야 한다. 시내버스가 옥동을 지나 와석리 김삿갓 계곡 입구까지만 다니기 때문이다. 여기서 묘역까지의 거리는 약 7㎞. 빠른 걸음으로도 1시간 반은 소요되는 거리다.(1998년 현재)

정기 노선버스도 없을 뿐더러 근처에서는 택시도 보기 힘들다. 주민들이 이용하는 승용차나 경운기 등을 얻어 탈 수만 있다면, 운수 대통한 날이라고 생각해도 좋을 만큼 길이 멀다.

1990년대 들어 영월군이 유적지로 개발하기 위해 묘역 전방까지 도로를 포장하여 삿갓 쓰고 죽장 짚고 걷는 김삿갓의 모습은 상상하기도 힘들게 되었다. 하지만 노루목 주민 10여 세대를 비롯해 김삿갓 묘역으로 가는 길목에 위치한 든돌마을 각시소 싸리골 사람들은 대대로 걸어다니던 자갈길 대신 넓고 편한 아스팔트 도로를 얻게 되었다.

조선 명종 때의 학자요 예언가였던 남사고 선생은 '남격암산수십승보길지지(南格菴山水十勝保吉之地)'에서 이곳을 일러 병란과 병겁, 가뭄 등 삼재를 피할 수 있는 십승지 중 하나로 손꼽았는데, 당시의 정세와 비교할 때 지금은 상전벽해(桑田碧海)를 실감케 한다.

삿갓 쓰고 죽장 짚은 사연(?)

세인들은 김삿갓 하면, 한평생을 해학과 풍자로 방랑하던 천

▲ 김삿갓 유적비. 많은 이들이 부담없이 찾는 곳이다.

재 시인이자 기인으로 기억한다. 그러나 한 점 뜬구름 같고, 한 줄기 바람 같았던 그의 기구한 삶의 이면을 아는 이는 드물다. 그만큼 그의 생애는 널리 알려진 명성과는 달리 신비에 싸여 있다.

김삿갓 일가가 숨어 살던 집터와 그의 묘소가 근래에 발견된 것도 이와 무관치 않다. 그렇다면 왜 김삿갓은 방랑 시인이 돼 세상을 떠돌게 됐을까.

　당대 제일의 세도가였던 안동 김씨 문중에 태어난 김삿갓의 본명은 김병연. 1807년(순조 7년) 3월 13일 김안근과 함평 이씨 사이의 둘째 아들로 태어났지만 출생지는 아직 확실치 않다. 다만 그가 말년에 지은 난고평생시(蘭皐平生詩)에 초년자위득락지 한북지오생장향(初年自謂得樂地 漢北知吾生長鄕)이라고 써, 한강 이북이 확실시되나 사학자들은 지금의 양주군 회천읍 회암사 인근 마을쯤으로 추정하고 있을 뿐이다.

　다만 김삿갓이 이름도 지우고 고향도 잊은 채 평생을 방랑하게 된 결정적인 동기는, 1811년 썩은 세상 둘러엎고 새 세상을 만든다며 군사를 일으켰던 홍경래 난을 들 수가 있다. 이때 김병연(김삿갓)의 나이는 만 5세. 당시 그의 조부 김익순은 선천부사 겸 방어사였으나 홍경래에게 항복하고 목숨을 부지했다. 그러나 이듬해 봄 난이 진압되자 김익순은 모반죄로 처형당했고 집안 역시 풍비박산이 나고 말았다.

　멸문지화(滅門之禍)는 면했지만 역적의 자손으로 고향에서는 더 이상 살 수가 없어 집안 식구들이 뿔뿔이 흩어지게 되었다. 병연이 7세 되던 해에 부친이 화병으로 세상을 뜨자 과부가 된 어머니는 삼형제를 이끌고 경기도 가평을 거쳐 강원도 평창에서 조금 살다가 다시 영월로 이사해 농사를 지으며 살았다.

　어려운 살림 속에서도 꾸준히 공부했던 김병연은 20세가 되던 1827년 영월 동헌에서 과거 예비고사격인 백일장에 참가하여 장원을 차지했다. 이때의 시제(時題)는 '홍경래 난 때 가산 군수의 충절을 논하고, 김익순의 하늘에 사무치는 죄상을 한탄하라'였다.

김병연이 집에 와 어머니께 장원 소식을 전하니 기뻐할 줄만 알았던 노모가 울음을 터뜨리며 그제서야 집안 내력을 들려 주었다. 김병연은 하늘이 무너지고 땅이 꺼지는 충격을 받았다. 자신이 역적의 가문이라는 사실을 알게 된 것도 충격이었지만 조부를 욕하는 시를 지어 장원까지 했으니 어찌 머리를 똑바로 들고 하늘을 쳐다보며 살 수 있었겠는가 말이다.

이후 2년여 동안 번민하던 김병연은 가출(?)을 결심한다. 이 때가 1년 연상의 장수 황씨와 결혼하고 맏아들 학균이 태어난 직후였다.

삿갓으로 하늘을 가리고 죽장으로 죄인의 모습을 한 뒤 바랑을 메고 정처없이 떠도는 나그네가 된 김병연은 세상 사람 누구에게도 자신의 성은 물론 이름도 가르쳐 주지 않았다. 김삿갓이니 김립(金笠), 김사립(金莎笠), 김대립(金臺笠) 등은 세상 사람들이 붙여 준 별명에 지나지 않는다.

육신 대신 시심(詩心)만 남아

김삿갓은 꼭 자신의 이름을 필요로 할 때면 김난(金鸞)이요 자는 이명(而鳴)이라고 둘러댔다. 한마디로 방울이 울린다는 그다운 해학이었다.

김삿갓이 한평생의 이승 방랑을 끝내고 저승 방랑에 들어선 문턱은 노루목 마대산 기슭의 양지 바른 곳이다. 풍수가들은 이곳의 지형을 유지앵소형(柳枝鶯巢形), 즉 버드나무 가지의 꾀꼬리집과 같은 형태의 명당이라고 치켜 세운다. 노루목은 마대

▲ 김삿갓 묘소 입구에 있는 '삿갓 주점'. 막걸리와 도토리묵이 일품이다.

산 자락인 선락골·선래골·어둔리에서 흘러내리는 계류수를 경계로 충북 단양군 영춘면 의풍리와 이웃하고 있는 첩첩산중이다.

김삿갓의 시신이 이곳에 안장되기까지도 사연이 없을 수 없다. 전국을 떠돌던 김삿갓이 유명을 달리한 것은 1863년(철종 14년) 3월, 향년 57세 되던 해였다. 22세 때 방랑을 시작한 지 꼭 35년 만에 생을 마친 셈이다.

김삿갓이 세상을 뜨기 전, 둘째 아들 익균이 아비를 찾아 수차 집을 나서 안동과 평강 여산에서 집으로 모셔오려고 부단히 애를 썼으나 아비의 고집을 꺾지 못했다. 그러다 마지막으로 모셔 온 것이 전라도 화순군 동북면 구암리에서 객사한 부친의 시신이었다.

이때 어머니 함평 이씨는 남편과 맏아들이 세상을 뜨고 둘째 아들(김삿갓)도 집을 나가자 충청도 홍성땅의 친정으로 돌아가 버린 뒤 노루목에는 부인 황씨와 큰자부만 남아 있었는데, 돌아온 김삿갓은 산자가 아닌 죽은 몸이었으니 얼마나 기막힌 노릇이었을까.

남편과 시아버지가 돌아오기를 기다리며 곡식을 찧었던 디딜방아가 남아 있는 생가(生家) 근처는 지금도 고인들의 한숨인 양 바람 소리가 차게만 느껴진다.

자신의 처지를 알고 후사를 예견했을까. 김삿갓의 시 한 수가 나그네의 마음을 심란하게 한다.

이대로 저대로 되어가는 대로
바람 치는 대로 물결 치는 대로
밥이면 밥 죽이면 죽
생기는 이대로
옳으면 옳고 그르면 그르고
붙이는 저대로
손님 접대는 가세대로
시정 매매는 세월대로
만사가 안 되네 내 마음대로
그렇고 그렇고 그런 세상
지나가는 대로

향토사학가들이 묘 찾아

김삿갓의 묘는 영월의 향토사학자였던 박영국(1994년 작고) 씨의 개인 노력에 의해서 발견됐다고 해도 과언이 아닐 만큼 그 공로가 컸다.

박씨는 1974년부터 김삿갓 유적을 찾던 중 1982년 10월 당시 영월 창절서원장이던 김영배 씨의 안내로 묘를 발견하고 세상에 공개했다. 김영배 씨는 박씨에게 철종 때 한성판윤을 지낸 자신의 증조부 김석봉이 대원군 집권시 영월로 낙향하였다가 1872년께 상경했을 때 호조판서 김병기를 만나 이런 말을 들었다고 한다.

"김삿갓의 묘가 양백리간에 있다. 영춘 현감이 김삿갓의 묘가 양백리간인 영춘과 영월 부근에 있다고 알려 왔으니 잘 보살펴 주기 바란다."

김병기는 당시 세도 가문 안동 김씨의 실력자로서 본명이 김병연인 김삿갓과는 같은 문중의 같은 항렬이었다. 그 뒤 이 이야기가 대대로 전해져 왔고 노루목에서 묘가 발견되게 되었다. 물론 박영국 씨에 의해서였다.

이후 박영국 씨는 전국을 다니며 김삿갓 자료를 사 모으고 수많은 일화를 채집했는데 이 과정에서는 미공개 시 44편도 발굴해 냈다.

박씨는 또 군청과 국회의원 등에게 역사적 가치가 있는 노루목 일대를 유적화해야 된다며 설득하여 도로 포장과 홍보활동을 펴 이제는 전국에 알려진 명소로 자리매김하고 있다.

초안산의 내시 무덤

내시(內侍)-.

부르기도 민망하고 듣기는 더 거북한 '욕 아닌 욕'의 대명사가 돼버린 단어다. 지금은 국어사전에서나 찾아볼 수 있는 사라진 용어가 됐지만, 이들의 자취가 수백 년의 세월이 흐른 오늘날에도 지워지지 않고 남아 있는 곳이 있다. 서울 외곽인 창동·월계동에 걸쳐 있는 초안산 일대의 '내시 묘역'이 바로 그곳이다. 무너져 내린 봉분과 그 옆에서 뒹구는 비석, 기우뚱 서 있는 문인석과 상석들이 전부지만 분명한 것은 이 석물(石物)들의 주인이 바로 내시라는 것이다. 친자손은 물론 묘지를 관리해 줄 친지조차 없어 수백 년간 방치돼 온 까닭에 아름드리 아카시아 나무가 봉분을 누르고 상석이 등산객들의 쉼터가 돼버렸지만, 이곳이 내시와 궁녀들의 묘역이라는 사실을 눈여겨보는 이는 아무도 없다. 다만 목 잘리고 넘어진 비석들이 한 시대 역사의 희생물이 됐던 내시들의 애절한 한을 대신 전하고 있을 뿐이다.

내시와 궁녀들의 공동묘지가 있는 초안산은 노원구 월계동과

▲ 초안산에 있는 내시 무덤들. 언뜻 보아서는 무덤인지 흙더미인지 구분이 안 될 정도다.

도봉구 창동을 끼고 동서로 자리잡은 산이다. 지도에도 잘 표시돼 있지 않을 만큼 비산비야(非山非野), 즉 산도 들도 아닐 정도로 야트막한 이 산이 내시와 궁녀들의 유택이 된 것은 조선 초기 문무 백관들이 능터를 잡기 위해 이곳을 찾고부터이다.

어느날 왕은 능터를 보기 위해 신하들을 데리고 이곳에 친히 왕림했다. 수려한 산세를 둘러보고 흡족한 미소를 짓는 왕께 명관(풍수지리가)이 아뢰었다.

"왕이시여, 이곳은 능터로는 적합하지 못하옵니다. 이 산의 터는 동서로 뻗은 능선이라서 뜨는 해는 좋으나 지는 해는 곧 칠야의 어둠이니, 처음에는 좋은 일꾼이 되나 나중에는 역적이 되는 형국이옵니다. 또 지형의 울림이 빈번해 장구한 안녕이

감싸 있지 않으므로 능터로는 길지가 아니하옵니다."

왕은 고개를 갸우뚱하면서 신하에게 자초지종을 이를 것을 명했다. 그러자 신하가 이렇게 아뢰는 것이었다.

"이 산과 마주 보고 있는 저 앞산도 선대 왕들이 한양에 도읍을 정하려고 하기 전 고려국 사람들이 오얏나무를 모두 캐버려 저렇게 황폐돼 오패산이라 부르지 않사옵니까. 그 지맥과 이 산의 지맥은 상통하고 있으므로 이곳은 능터로 적합하지 않사옵니다."

명관의 말을 들은 왕은 혹시나 하는 마음으로 능선에 자리잡고 있던 고려 무관의 묘를 파보게 했다. 어명이 떨어지기가 무섭게 무덤을 파헤치자 과연 썩지 않은 관이 나왔고, 그 관 뚜껑을 열어젖히니 물이 가득 고여 있었다. 이 광경을 지켜본 왕은 그제야 명관을 칭찬한 뒤 묘 옆에 서 있던 망부석의 목을 치라고 명령했다. 이때 한 장군이 허리에 차고 있던 칼을 뽑아 망부석의 목을 치니 떨어진 목에서 붉은 피가 뿜어져 나왔다. 그러자 왕은 어가(御駕)를 돌리게 한 뒤 이렇게 명했다.

"앞으로 이곳에는 아무 묘도 쓰지 못하도록 하여라. 다만 궁 안에 손(孫)들이 없는 내시와 궁녀들의 묘터로는 적합할 듯싶으니 그들이 죽거든 이곳에 묻도록 하여라."

산 전체가 내시·궁녀 묘역

초안산 진입은 창 1, 2, 3동과 월계동 일대 어느 곳에서도 가능하다. 다만 아파트나 연립주택들이 초안산을 둘러싸면서 울

타리가 조성돼 길을 잘못 들었다가 자칫 낭패를 당하기도 하지만, 조금 돌아가면 금방 산길이 보인다. 산 전체를 종주하기 위해서는 전철 1호선(의정부-인천) 월계역에서 출발, 이곳에서 시작되는 산자락을 시점으로 녹천정(鹿川亭)과 체력단련장, 월계 배수지 정상 창1동 주공아파트 4단지 쪽으로 하산하면 된다.

그러나 내시와 궁녀들의 묘역을 답사하기 위해서는 월계 2동 초안아파트 샛길에서 시작, 창동 3동 신창아파트 뒤편인 배밭골로 내려오거나 그 반대로 산행을 하는 것이 가장 좋다.

우선 초안아파트(성북역에서 409번, 창동역에서 50번 마을버스 수시 운행)를 기점으로 초안산을 오르다 보면 산 입구에서부터 바로 널브러져 있는 석물과 크게 훼손된 묘지를 만나게 된다. 등산로 좌우에 빼곡히 자리잡고 있는 묘지는 산 정상의 신창 배드민턴장까지 계속된다.

▲ 내시 무덤을 지키고 있어야 할 문인석이 엉뚱하게도 배드민턴장에 서 있다.

정상에서 다시 왼쪽길로 접어들어 신창아파트 단지 쪽으로 하산하다 보면 역시 수십 기에 이르는 묘지가 산속 곳곳에 아무렇게나 흩어져 있다. 여기서 말하는 '아무렇게나'는 관심없는 사람들에게는 무덤 자체가 눈에 띄지 않을 정도라는 뜻이다. 그도 그럴 것이 숲속에 봉긋한 것이 솟아 있는 듯싶으면 그게 묘지고, 다듬어진 돌인가 하면 비석이나 상석이기 때문이다. 더군다나 무덤을 꿰뚫고 있는 아카시아나무와 봉분을 가로지르는 오솔길은 무덤 자체를 인정하지 않으려는 모습으로 보여 '서글픈' 과거를 아는 이들의 가슴을 더 아프게 한다.

한때는 작지 않은 신분으로 으리으리한 궁궐에서 왕을 섬기던 이들이었지만, 지금은 비문이 다 지워진 비석과 1년 내내 사과 한쪽 올려지지 않는 상석을 베개삼아 누워 있는 가련한 영혼이 돼버리고 말았다. 주인 잃은 문인석은 아직도 예(禮)를 다하고 있는데 말이다.

현재 초안산 일대에서 확인할 수 있는 무덤은 줄잡아 수백 기가 넘는다. 성한 무덤은 불과 수기에 지나지 않지만 무덤으로 여겨지는 봉분의 흔적은 아직도 곳곳에 산재해 내시와 궁녀들의 한을 전해 주고 있다. 특히 길가에 방치된 무덤은 봉분 한가운데로 길이 뚫려 있는가 하면, 한번도 관리가 되지 않은 양 무덤 위에는 나무가 무성해 보는 이들을 아찔하게 한다. 신창아파트 뒷산에 있는 무덤은 그 훼손이 더 심해 감히 무덤이라고 말할 수 없는 형편이다.

한평생 여인 한번 안아 보지 못하고, 남정네 품이 그리워도 생색을 내지 못한 채 청춘을 불사르고 인생을 마감했을 이들의

▲ 봉분은 사라지고 상석과 비석만 덩그렇게 남아 있는 내시 무덤들.

각박한 운명을 뉘라서 알까.

풀초(草), 편안안(安), 뫼산(山)으로 이름지어진 초안산은 한 많은 망자(亡者)들을 위해 풀(뗏장)을 덮고 편안히(安) 잠들라는 뜻으로 그렇게 불리지 않았나 하는 뉘앙스를 풍기는 것도 우연만은 아닐 듯싶다.

기록에 의하면 이곳에는 조선조 5백년 동안 활동했던 내시와 궁녀들의 무덤이 1천 기가 넘는 것으로 집계되고 있다.

한(限)의 상징-내시와 궁녀

상말 중에 '내시 같은 놈'이라는 속어가 있다. 남자면서 여성
스런 사람, 혹은 하는 짓이 남성도 여성도 아닌 중성 같은 이
를 두고 비아냥거릴 때 쓰는 말이다. 남자들한테는 가장 심한
모욕 중에 하나다. 그러나 정작 내시는 '남성을 거세당한 신체
불구자'에 해당된다. 이들을 일러 환관(宦官)·환시(宦侍)·내환
(內宦)·시인(侍人)·중사(中使)라 부르기도 했다.

▲ 뒤늦게나마 내시 묘역 조사에 들어간 흔적들. 푯말이 아니면 무덤
을 구분할 수조차 없다.

우리나라에서 내시의 역사는 신라시대 환수(宦竪)라는 직책에서부터 시작된다. 그러나 본격적인 체제는 고려 때부터 확립된 것으로 보인다. 고려 때 내시직이 생기고 원나라 침입 이후, 충렬왕 26년 제국대장공주(帝國大長公主)가 모국에 환관을 바치면서 득세하기 시작한 내시들은 각종 국사에 영향력을 끼쳐 폐해가 커지기도 했다.

이 같은 폐단 때문에 조선시대에 이르러서는 내시의 관계와 업무를 엄격히 제한하여 정치에 관여하는 것을 철저히 배척했다. 대신 이들은 왕비전과 세자궁, 빈궁 등에서 궐내의 음식물 감독, 왕명 전달, 궐문 수직, 청소 등의 잡무를 맡게 했다. 또 내시교관을 두고 이들의 교육을 강화했으며 사서와 소학, 삼강행실 등을 가르쳤으며 정기적으로 시험도 치렀다.

조선조 초기의 내시 정원은 140명 정도였으나 점차 그 수가 증가하여 나중에는 두 배에 이르기도 했다. 이들의 직급은 종2품 상선을 비롯하여 종9품 상원에 이르기까지 다양했지만 3품 이상은 왕의 특별한 지시가 있어야 가능했던 것으로 보인다.

지금의 서울 종로구 효자동과 봉일동 일대는 내시들의 집성촌으로 알려져 있으며, 내시는 궁궐 안에 상주하는 장번(長番)과 출퇴근하는 출입번(出入番)으로 구분돼 있었다. 이 중 출입번 내시들은 처첩(妻妾)을 거느리기도 했는데, 자녀는 같은 성을 가진 이들을 선발해 얻었고, 부인은 과부나 가난한 집안의 딸을 데려와 살았던 것으로 보인다. 내시의 아내는 환처(宦妻) 혹은 동정녀로 불렸다.

한편 내시가 되기 위해서는 환관입시(宦官入試)라는 시험을

거쳐야 했다. 이때 시험 과목에는 각종 고문에 견디는 능력도 평가했는데, 이는 내시들이 왕과 왕비를 측근에서 모시기 때문에 비밀이 밖으로 새어 나갈 것을 염려해서 만든 시험 방법이었다. 이 과정에서 내시 지망생들은 나무에 거꾸로 매달린 채 오래 견디기, 얼굴만 내놓고 땅 속에 묻히기, 매달린 채 코에 물 붓기 등 각종 예비 고문을 견뎌 내야만 했다. 대표적인 악습 중 하나였던 내시제도는 1894년 갑오개혁 때 폐지되었다.

궁녀 역시 좋은 가문과 높은 학식을 바탕으로 선발되었다. 그러나 이들은 궁녀라는 신분을 얻으면서부터는 다른 이의 아낙이 될 수 없는 운명도 동시에 얻게 된다. 다만 어쩌다 왕의 눈에 띄어 수청을 들게 돼 왕자를 잉태하게 되면 소위 팔자가 달라지지만, 이 같은 경우는 조선 역사 전체에서도 극히 드문 일에 불과할 정도다. 따라서 이들의 삶은 궁중에서 청춘과 인생을 다 바친 연후 마지막 길을 초안산으로 잡게 되는 것이다.

세월 따라 변한 산 이름

초안산의 원이름을 살펴보면 초현산을 거쳐 추한산으로 거슬러 올라간다. 다시 말하면 추한산이 초현산이 되고, 다시 초안산으로 불리게 됐다는 것이다. 조선시대 이후 근세에 이르기까지 이 일대에서 살던 사람들은 여름이 지나 가을의 문턱이 되면 서울 북쪽에 자리잡은 이 산 정상에서 차가운 가을 바람이 불어온다고 해서 이름을 가을추(秋)·찰한(寒) 자를 써 추한산으로 불렀던 것이다.

그러나 1950년 6·25 전쟁이 발발하고, 이곳에 서울 방어 진지가 구축되면서 산 이름이 슬며시 바뀌어지게 되었다. 북한군이 남침 이틀 만에 서울 근교인 의정부까지 물밀듯이 내려오자 당시 채병덕 육군참모총장은 이 산기슭에 창동 저지선을 구축하게 된다. 그러나 이 저지선은 적의 탱크 앞에 허무하게 무너지고 미아리 일대에 새로운 방어선이 설치된다. 이후 지역 주민들을 중심으로 추한산이 초현산으로 바꿔 부르게 됐는데, 이는 아마도 6·25 전쟁 때 이곳에서 큰 싸움이 일어난 것이 결정적인 계기가 됐던 것 같다. 그래서 '가을추'가 발음상 비슷한 칼집초(鞘)가 되고, 찰한이 고개현(峴)으로 변해 초현산이 됐다가, 최근 안빈낙도(安貧樂道)하는 풍조가 어우러지면서 다시 초현산이 편안함을 뜻하는 초안산으로 변천된 것으로 보인다. 현재 이 산 곳곳에 쓰여 있는 안내판은 모두가 초안산으로 표기돼 있지만, 일부 노인층에서는 간혹 추한산과 초현산이라는 표현을 함께 사용하기도 한다.

반면 초안산 일부를 껴안고 있는 도봉구 창동의 지명도 내시와 관련이 있다는 설(說)이 조심스럽게 제기되기도 한다. 원래 내시와 궁녀들은 가무(歌舞)에 능했는데, 궁궐에서 연습을 할 수 없는 까닭이 동료들의 제사 때나 한식과 명절에 이곳을 방문하여 춤과 노래를 연습했다고 한다. 따라서 창동은 부를 창(唱)을 써 창동이라고 했으나 일부에서는 그 어원을 큰 창고가 있는 동네에서 따왔다고 주장하기도 한다. 그러나 창고는 웬만한 동네에는 다 있었던 만큼 노래 부를 창이 더 설득력이 있다는 이야기다.

그 동안 이름이 바뀐 곳이 어디 초안산뿐이랴. 그러나 세월이 흐르면 흐를수록 더 깊어 가는 내시와 궁녀들의 한은 어떻게 할 것인가. 이 때문일까. 한때 초안산 일대는 내시 귀신들이 판을 쳐 다복한 가정은 버텨 나질 못한다는 우스개 소리가 나돌기도 했다.

생전에 장가도 못 들고 여인 한번 안아 보지 못한 채 죽은 내시 귀신들은 그 한풀이라도 하듯 밤마다 인근 마을을 헤집고 다니면서 심술을 부렸다는 것이다. 이 귀신들은 부부간 금실이 좋고 단란한 가정만 보면 심술이 발동해 끝내 그 집 가장(家長)을 저 세상으로 데려간다는 것이다.

내시 귀신이 붙은 집안의 가장은 시름시름 앓다가 자리에 눕게 되는데, 이때는 백약(百藥)이 무효여서 어떻게 해볼 도리가 없다는 것이다. 결국 가장이 죽어야 귀신이 떨어지는 까닭에 초안산 주변 마을은 점점 황폐해졌고 이곳으로 이사를 오려는 사람들도 없게 되었다. 관원들도 추한산(당시 지명) 인근으로 발령이 나면 아예 관직을 버리는 경우까지 생겨나, 이 일대는 접근하는 사람조차 뜸하게 되었다. 이 같은 현상은 서울이 점차 팽창하면서 아파트가 들어서고 공장이 세워졌어도 수그러들지 않았다.

그런데 추한산 남쪽 한천 건너에 영세민 아파트가 입주하면서 귀신들이 감쪽같이 사라졌다고 한다.

영험한 무당에 의하면 생활고에 시달리던 영세민 수천 가구가 아파트에 들어오자 기다렸다는 듯이 내시 귀신들이 몰려들 있는데, 이들이 자세히 살펴보니 대부분 가장이 없는 가난한

과부댁이더라는 것이다. 이 모습을 지켜본 내시 귀신들은 그제
서야 지금까지 자신들이 저지른 죄가 얼마나 큰가를 깨닫게 돼
더 이상 화목한 가정을 깨뜨리지 말자고 결심한 뒤 모두가 다
른 곳으로 이사갔다는 것이다.

전설 따라 삼천리 같은 이야기지만 내시들의 속마음을 읽을
수 있는 대목이 아닌가. 그러나 자신들의 묘역을 크게 훼손한
사실을 알게 되면 이들이 또 언제 몰려와 가장들을 잡아갈지는
아무도 모를 일이다.

초안산 일대는 명당 중의 명당

풍수학적으로 볼 때, 초안산 일대는 명당 중의 명당에 해당된
다. 도봉산 우이암 서쪽으로부터 뻗어내린 산줄기가 방학 3동
의 시루봉을 만들고, 이어 정의공주와 연산군 묘역이 자리잡은
능선과 쌍문동을 지나 창동 일대에 솟아오른 것이 바로 오늘날
초안산의 모습이다.

주위에는 북한산을 비롯하여 수락산·불암산이 병풍처럼 둘
러싸여 있고 우이천과 중랑천이 산을 휘감아 흘러 사람이 발붙
여 살기 좋은 지형을 형성하고 있는 셈이다.

이 같은 조건이 알려지면서 고려말에는 지금의 경복궁 일대
와 노원구의 노원역 부근, 도봉산 아래의 해촌과 함께 남경(南
京) 후보지로 부각되기도 했다.

가장 높은 곳이래야 114미터에 지나지 않고, 전체 면적도 5만
평 남짓한 이곳은 주변이 아파트촌으로 둘러싸여 이제는 풍수

운운하는 것이 사치가 돼버린 느낌을 들게 한다. 더군다나 산 전체를 덮고 있는 아카시아나무는 흉물스럽기조차 하다. 목재로 쓰지도 못해 '나무측에도 들지 않는 나무'로 알려진 아카시아나무가 산 전체를 덮고 있는 이유는 무엇 때문일까.

지역 주민에 의하면 일제 강점 시대 일본인들이 아카시아나무 씨를 가마니로 담아 와 이곳에 마구 뿌려 댔다고 한다. 정확한 이유는 알 수 없지만 발육이 좋고 뿌리가 왕성한(아카시아나무는 사방공사 때 많이 식수한다) 이 나무를 심어 내시 묘역을 황폐화시키려 했던 것이 아니냐는 게 이들의 한결같은 주장이다.

생전에는 고자(남성이 없는)라고 놀림받다 사후에는 친자식의 곡(哭) 소리 한번 못 듣고 불편한 유택에 누워 지냈을 내시들. 그러나 백골이 된 연후에도 대접은커녕 이 땅을 강점한 일본인한테까지 홀대받고 이제는 유택마저 다 잃어버릴 지경에 이른 내시와 궁녀들의 영혼은 지금 어떤 심정일까.

더군다나 자신의 묘역을 지키고 있던 문인석과 망부석이 배드민턴장의 장식물로 옮겨져 있고, 유택의 문패가 됐던 묘비와 상석이 행인들의 의자로 변모해 버린 모습을 이들의 영혼이 바라볼 때 한이 겹겹이 쌓일 만도 할 것이다.

6·25 격전지답게 초안산 능선을 깎아 조성된 참호는 금방 전쟁이라도 치를 수 있을 만큼 잘 관리 보호되고 있는 반면, 이 산의 주인이라고 할 수 있는 내시와 궁녀들의 묘역은 수백 년간 그대로 방치돼 이제는 흉물이 된 지 오래다. 내시 묘역 인근에 자리한 일반인들의 묘와 종친묘들은 깨끗하게 단장된

▲ 초안산 입구에 방치돼 있는 문인석이 내시들의 한을 대변해 주고 있는 듯하다.

모습이어서 더욱 대조를 이루게 한다. 모든 내시와 궁녀의 묘를 발굴해 보존할 수 없다면 정부 차원에서 위령비라도 건립해 주고, 제대로 된 안내판이라도 하나 세워 준다면 구천을 맴도는 영혼이 얼마나 기뻐할까. 초안산을 내려오면서 혼자 중얼거려 본 소리다.

이 시대의 마지막 내시

내시가(內侍家)에도 엄연히 족보가 존재한다. 국립중앙도서관 족보실에 보관돼 있는 내시가의 족보에는 그 시조(始祖)가 여말선초(麗末鮮初)의 내시였던 윤득부로 돼 있다. 내시 족보는 양자를 얻어 가계(家系)를 이어갔기 때문에 성이 서로 다른 것이 큰 특징이나, 일생의 행적을 기록한 것은 일반 족보와 크게 다르

지 않다.

이들은 족보를 만든 이유를 '비록 양자로 가계를 이어가지만 낳은 은혜 못지 않게 키우는 은혜도 크기 때문에 이를 소홀히 할 수 없다'고 적고 있다.

한편 선조(宣祖) 당시의 내시였던 김계한을 시조로 한 또 다른 집안의 내시 족보는 일제시대 최석두라는 내시에 의해 정리됐는데, 정병국(1907년 생) 씨가 마지막 후손으로 기록돼 있다. 그러나 정씨는 1990년대 초 사망하고 그의 양아들인 유충현 씨가 김계한의 14대손으로 경기도 양주 사내리에 살고 있다. 따라서 유충현 씨가 내시직의 마지막 후손이 되는 셈이다.

유충현 씨는 젖먹이 때 우연한 사고로 불구가 돼 5백 년간 내려오던 내시 집안에 입양됐으며, 부친이 내시직에서 일하는 모습을 지켜봤다고 한다. 유씨는 초안산 일대에 방치돼 있던 조상의 유해와 비석을 모두 집 주변으로 옮겨 새롭게 단장해 모시고 있다.

사천과 부안에 있는 이총 비총

이총(耳塚) 비총(鼻塚).

언뜻 들으면 이해하기도 힘든 단어들이다. 그렇다면 귀무덤, 코무덤이라고 말하면 어떨까. 역시 생소하기는 마찬가지다. 마지막으로 '임진왜란 때 왜병이 전리품으로 조선 군인과 백성들의 귀(耳)와 코(鼻)를 잘라 가 만든 무덤(塚)'이라고 설명하면, 비로소 고개를 끄덕이게 된다.

세계에서 그 유래를 찾아보기 힘든 비참함의 대명사가 돼버린 이총과 비총. 우리는 이 역사가 하나의 '전설'로 그치기를 바라고 있지만 엄연한 사실임을 증명하는 곳이 두 군데나 있다. 경남 사천과 전북 부안의 호벌치에 있는 귀무덤과 코무덤이 바로 그곳이다. 한 스님의 원력으로 4백 년 만에 고국으로 돌아와 영면(永眠)하게 된 이총 비총의 원혼들. 긴 세월 속에 뼈 한 조각 살 한 점 남아 있지는 않지만, 이들의 가슴에 응어리졌을 한(限)까지는 다 지울 수가 없었다.

말이 좋아 코무덤 귀무덤이지 인간이 자행한 만행 중 가장 잔인한 표징이 아닌가. 더군다나 적군이 사자(死者)의 귀와 코

▲ 왜군과의 일전에서 큰 승리를 거뒀던 호벌치 전적지. 이곳에 코무덤이 새로 조성됐다.

를 베어 그것을 소금통에 넣어 절인 뒤 전리품으로 가져갔다면 그 후손들의 심정은 어땠을까. 또 이것이 임진왜란(壬辰倭亂)과 정유재란(丁酉再亂) 당시 우리 나라에서 벌어졌던 실제 사건이라면, 우리는 치를 떨지 않을 수 없을 것이다.

그러나 웬걸, 아무리 '세월이 약'이라고는 한다지만 우리는 4백 년이 넘도록 귀와 코무덤의 원혼들을 까맣게 잊은 채 지내왔다.

4백 년 만에 모셔 온 원혼들

1984년 김희로(재일 한국인으로 일본인들의 핍박에 항거, 엽총으로 일인을 살해한 혐의로 복역중인 최장기수였으나 1999년 출소해 현재 국내서 생활하고 있다) 씨 석방 구명운동을 벌이기 위해 일

본에 가 있던 삼중 스님(재소자교화위원회 회장. 부산 자비사 주지)이 교토 도요쿠니 신사 앞을 지나던 중 주택가에서 우연히 큰 무덤 한 기를 발견하고 그곳에 갔다가 그만 깜짝 놀라고 말았다.

▲ 일본 교토 도요쿠니 신사 앞에 있는 조선인 귀무덤. 이곳에 있던 한 많은 영령들은 삼중 스님에 의해 한국땅으로 이장됐다.

스님은 잡초가 무성한 무덤에서 이총(耳塚)이라고 쓰여 있는 안내판을 보게 됐는데, 그 내용이 소름을 끼치게 한 것이다. 안내판에는 도요토미 히데요시(風臣秀吉)가 조선인들을 살육하고 그 귀를 베어 와 만든 무덤이라는 글귀가 적혀 있었기 때문이

다.

한동안 망연자실해 있던 스님은 잠시 뒤 분노가 치솟아 올랐
다. 도심 한가운데에, 그것도 우리 조상들의 귀무덤이 그대로
방치돼 4백 년간이나 일본인들의 조롱거리가 됐다고 생각하니
갑자기 현기증이 날 정도로 충격을 받았다. 그 길로 곧장 귀무
덤을 관리하고 있다는 방광사(方廣寺)를 찾아갔다. 원래 일본에
서는 외부인이 주지 스님을 만나기 위해서는 미리 연락을 해야
하지만, 워낙 흥분한 나머지 무작정 주지실로 뛰어들었다. 그리
고는 고래고래 소리를 질러 댔다.

"너희가 정신이 올바로 박힌 중이라면 어찌 저 슬픈 영혼들
을 잡초더미 속에 수백 년씩 방치하고 있느냐!"

무슨 영문인지도 모른 채 삼중 스님의 호통에 어리둥절하던
주지는 뒤따라 들어선 통역관의 말을 듣고서야 내막을 알겠다
는 표정을 짓는 방광사 주지에게, 삼중 스님은 마지막으로 한
마디 더 던졌다.

"내 반드시 다시 돌아와 귀무덤을 파가고 말겠다."

그러자 방광사 주지는 '문화재로 지정된 무덤'에 손을 대면
형무소에 가게 될 것이라며 협박했다.

이후부터 삼중 스님은 일본에 있는 귀무덤의 영령들을 모셔
오기 위해 동분서주했다. 일본에 갈 때마다 그곳 스님들에게
도움을 호소했고, 국내에서는 관련 부처와 각계 인사들에게 상
황을 설명하고 협조해 줄 것을 당부했다. 그러나 모두가 '별일
아닌 것 갖고 호들갑을 떤다'는 식으로 방관만 할 뿐이었다.

'동냥은 못 줄망정 쪽박이나 깨지 마라'는 속담 식으로, 도와

는 못 줄망정 핀잔이나 안 들으면 그나마 다행일 정도로 일의 진척이 더뎠다. 그러던 어느 날 일이 엉뚱한 곳에서부터 풀리기 시작했다. 한국의 한 사형수가 죽기 전 불교에 귀의한 사실이 각종 매스컴을 통해 일본에까지 알려지자 정토종 승려인 가키누마 스님이 구명운동을 펴온 삼중 스님에게 49재 때 사용하라며 얼마간의 공양금을 보내 왔다. 이것이 계기가 돼 삼중 스님과 가키누마 스님은 절친한 사이로 발전하게 됐고, 결국은 귀무덤 영령의 환국사업에 함께하는 시발점이 되었다.

가키누마 스님은 일본 불교계와 관계 당국을 찾아다니며 삼중 스님의 의중을 전달했고, 이 뜻이 올바로 전해지면서 '한·일 이총영혼 봉송위원회'가 결성돼 1988년에는 귀무덤이 조성된 이래 처음으로 현장에서 천도재가 봉행되었다.

이후 1990년 4월 22일 마침내 귀무덤의 영혼들은 4백 년 만에 현해탄을 건너 다시 고국으로 돌아오게 된 것이다.

오욕의 역사 한 편린

역사적으로 볼 때, 귀나 코를 자르는 것은 죄인에게 가하는 큰 형벌에 속했다. 그것도 죄질이 나쁜 죄수에게 행해지는 보기 힘든 체벌이었다. 그럼에도 불구하고 전사한 조선인 코를 12만 6천 개 이상 소금상자에 절여 전리품으로 가져간 뒤, 이를 4백 년간 희롱했다는 것은 세계사에서도 그 유래를 찾아볼 수 없는 잔혹한 행위가 아닐 수 없다.

더군다나 이 비참한 오욕의 역사 현장이 정부나 일본측의 수

수방관 속에 대학 교수(김문길 교수, 부산 외국어대학)의 집념 어린 조사로 발견되고, 한 스님의 원력으로 영혼들을 고국으로 모셔 왔다는 사실도 우리를 낯 뜨겁게 하기는 마찬가지다.

이 코무덤은 일본 오카야마(岡山)현 비젠(備前)시 가가토(香登)라는 조그만 마을의 산기슭에 방치돼 있던 것을 일본서 연구중이던 부산 외국어대학 김문길 교수가 수소문 끝에 발견, 우리나라에까지 알려지게 되었다.

김교수가 처음 발견한 무덤과 그 앞에 세워진 작은 사당은 차마 언급하기 힘들 정도로 조잡하기가 이를 데 없었다고 한다. 흙담을 쌓아 올려 서까래를 걸치고, 기와로 지붕을 덮은 폼새나 마감재로 귀면와(鬼面瓦)를 사용한 것 등은 우리의 가옥을 본떠 보려는 흔적이 엿보이기도 하는 대목이다. 하지만 겨우 2평 남짓한 초라한 규모와 잡초 속에 수백 년간 방치해 허물어지기 일보 직전의 관리 상태는 우리 조상에 대한 모독이요 후손에겐 수치를 안겨 주는 흉물이나 마찬가지였다.

원래의 코무덤은 직경 4미터, 높이 11미터에 이르는 대형 무덤으로 조성됐던 것으로 알려지고 있다. 그러나 오랜 세월이 흐르는 동안 봉분은 다 내려앉아 평토화됐으며 그 자리에는 소나무와 잡목들이 무성하게 되었다. 그러던 것이 코무덤의 존재가 일본은 물론 한국에까지 널리 알려지게 되자, 이 지역 주민들이 여론을 의식하여 1982년 부근에 사당을 새롭게 신축했는데 그 모양새도 초라하기는 마찬가지다.

현재 코무덤 옆에는 사당보다 더 큰 인내편(기로 150센터, 세로

80센티)이 서 있는데 이것이 천비영사유래기(千鼻靈社由來記)이
다. 해석해 보면 다음과 같다.

　원래 이곳에 제사를 지내온 천인비총(千人鼻塚)은 1592년 도요토미
히데요시가 조선을 침략하였을 때, 그의 엄명에 의해 적병의 머리
대신에 코를 베어 와 묻어 둔 곳이다. 즉 우키타 히데이에(宇喜多秀
家)의 가신 오사후네 기이(長船紀伊)의 기병으로 출병한 가가토(香登)
의 니시 자(西字-자는 우리 나라의 里에 해당) 니시촌의 주민 로쿠스케
(六助)가 적병일지라도 나라를 위해 죽은 사람들의 코인지라 가지고
와서 비총(鼻塚)을 만들고 사당을 지어 명복을 빌었다. 이로 인해 천
인비총으로 전해졌는데, 근년에 와서 사당이 황폐해져 무너질 지경
에 처하자 마을 사람들이 상의한 끝에 많은 이들이 협조하여 사당
을 재건하고 천비영사(千鼻靈社)라고 개명하였다. 분로쿠 전역(文祿戰
役)의 희생 장병과 비총을 건립한 로쿠스케의 영(靈)도 같이 모시게
되었다.

1982년 4월 천비영사설립위원회

　반면 코무덤에서 2~3킬로미터 떨어진 곳에는 임진왜란 당시
조선인의 코를 가장 많이 벤 인물로 알려진 로쿠스케의 집과
사당이 있는데, 그 규모나 시설이 코무덤을 압도한다. 임진왜란
때 기수(旗手)로 참전한 로쿠스케는 덩치도 엄청 컸을 뿐만 아
니라 성질도 포악해서 조선인의 코를 수천 개 베어 자신의 고
향으로 가져온 뒤 뒷산에 코무덤을 만든 것으로 알려지고 있다.
　사당이 만들어지게 된 이유는 당시 일본 사회에 가톨릭이 수
입되고 이를 믿는 이들이 늘면서 로쿠스케도 신자가 돼 자신의

죄를 참회하기 위한 일환으로 사당을 지은 것으로 보인다.

임진왜란 당시 조선인의 코를 베어 간 기록은 일본 정토진종파 안양사 주지이자 한방의료인이었던 승려 게이넨(慶念)이 쓴 《조선일일기(朝鮮日日記)》에 자세히 서술돼 있다.

조선의 남원성을 함락하고 성과 온 산천을 불태우니 사람들이 죽어 타는 냄새가 온 동네에 가득했다. 우리 병사들은 그래도 분이 풀리지 않아 큰 칼을 가지고 죽은 자의 코를 베어 대바구니에 담으니 바구니마다 잘린 코가 가득했으며 길바닥은 온통 피로 젖어 있었다. 병사들은 자른 코를 상하지 않도록 소금에 절여서 나무상자에 1백 개씩 넣어 일본으로 보냈다.

처음에는 귀를 베어 가던 일본군이 나중에 코를 베기 시작한 것에 대한 이유로는, 귀는 두 개인 반면 코는 하나이기 때문에 정확한 숫자를 알 수 있고, 조선인의 기(氣)를 꺾는다는 의미가 포함됐던 것으로 보인다.

그렇다면 왜인이 잘라 간 코의 숫자는 얼마나 될까. 《조선일일기》에는 전라도 진원·영광·남원 등지에서 1597년 9월에만 2만인 가까이의 코를 자른 것으로 기록되어 있다. 따라서 기록에 나타나지 않은 것까지 합산하면 그 숫자는 훨씬 많으리라는 추측이 가능해진다.

앞서 언급한 천비영사(여기서 말하는 1000이라는 숫자는 일본인들이 아주 많다는 표현을 쓸 때 사용하는 표현이다)에도 조선인의 코가 1천 개가 묻힌 것이 아니라 아주 많이(일부에서는 6만 개

이상으로 보고 있다) 묻혀 있는 것으로 알려져 있다.

이곳에서 봉안해 온 코무덤의 영령들은 1993년 11월 26일 전북 부안군 상서면 호벌치 임란전적지에 영면했다. 호벌치는 임란 때 의병 3천여 명이 왜군과 싸우다 장렬히 전사한 곳이다. 또 왜병들이 이곳에서 베어 간 조선 병사와 백성들의 코도 수천 개에 이른다는 기록이 남아 있는 곳이기도 하다.

교토에 있는 귀무덤

임진왜란 때 잘려 간 조선인의 귀는 교토시 히가시야마(東山)의 구 나야(菜屋) 정이란 마을 한복판에 큰 무덤으로 자리하고 있다. 코무덤에 비하면 그래도 제법 예우를 갖춘 모습이다. 귀무덤 주위에는 민가로 꽉 차 있고 이 무덤에서 약 50미터쯤 떨어진 곳에 도요토미가 지은 방광사(方廣寺)라는 절이 있다. 이 절은 도요토미가 조선 정복의 대야망을 품고 아침 저녁으로 부처님께 기도를 하기 위해 지은 것인데, 도요토미 사후에 그의 영혼을 모신 신사(神社)를 절 옆에 지음으로써 더 유명한 절이 되었다.

이곳에 귀무덤을 만든 이는 역시 도요토미이다. 그는 죽기 1년 전(1598년 8월 18일 사망) 조선 전쟁의 업적을 국민들에게 보이고 이를 후세에 남기기 위해 귀무덤을 방광사 인근에 만들었다.

현재까지 여기에 묻힌 조선인의 귀 숫자에 대해서는 설왕설래가 많다. 왜장 오오카와치 히데모토의 기록에는 '적어도 18만

쯤 되는 조선인의 귀를 방광사 앞에 묻었다'고 하며, 역사학자인 호시노 하사시는 코만 12만이라고 했는데, 이 숫자가 오늘날까지 정설처럼 여겨지고 있다. 한편 일부 역사학자들 사이에서는 이 귀무덤에는 정유재란 때 잘라 간 조선인 코도 함께 묻혀 있다는 주장이 제기되고 있다.

코무덤이든 귀무덤이 됐든 간에 왜인들이 저지른 만행은 천벌을 받아 마땅하다. 하늘도 이 사실을 알았을까. 아니 모른 체하지는 않았나 보다. 조선인의 귀와 코로 무덤을 만들어 놓고 백성들에게 자랑하던 도요토미는 무덤 완성 한 달 만에 깊은 병에 걸려 병석에 눕게 된다. 더군다나 밤만 되면 조선의 귀신들이 몰려와 괴롭히니 도무지 잠을 잘 수가 없어 그의 병은 점점 더 심해지는 것이었다. 견디다 못한 도요토미는 귀무덤 위에 5층 공양탑을 세울 것을 명령하고 공사가 끝나자마자 귀무덤 영령들을 위한 제를 올려 주고 나서야 악몽에서 벗어날 수가 있었다고 한다. 이 탑은 지금까지도 무덤 위에 그대로 서 있다.

이와 비슷한 비석은 1898년 3월 20일 이총수영공양비라는 이름으로 또 한 기가 세워지는데, 이것 역시 임진왜란 당시 왜장이었던 구로다 나가마사의 10대 후손이 건립한 것이다. 이 밖에도 무덤 주위에는 가부키(歌舞伎)의 명배우들의 이름이 새겨진 돌기둥 50여 개가 나란히 서 있다.

현재 이 귀무덤은 교토시의 사적문화재로 지정돼 있고 방광사가 관리를 맡고 있다. 안내판의 내용을 해석하면 이렇다.

▲ 조선 침략의 원흉인 풍신수길의 신사. 삼중 스님은 이곳에서 양국
간의 묵은 원을 해원하고 화합의 길을 열어 나가자고 기도했다.

　이 무덤은 16세기말 천하를 통일했던 도요토미 히데요시가 다시
대륙에 손을 뻗어 조선반도에까지 쳐들어간 분로쿠 게이초역(文祿慶
長役)의 유적지이다. 도요토미의 가신 무장은 고래(古來)의 전공 정신
으로 머리 대신에 조선 국민 남녀의 귀와 코를 잘라 소금에 절여
일본에 가지고 와서 도요토미의 명에 따라 이곳에 묻고 공양을 드
렸는데 이것이 귀무덤이다. 귀무덤은 교토에 현존하고 있는 도요토
미의 유적 중 하나이고 귀무덤 위의 오륜석탑은 1643년 새로 만든
석탑으로 추측된다. 도요토미가 일으킨 전쟁은 조선반도 사람들의

▲ 재일본 이총보존회 회원들은 귀무덤 영령의 한국사업에 큰 힘이 됐었다.

강한 저항으로 인해 패배하고 말았지만 전쟁 때 베어 온 귀무덤은 전쟁이 끼친 조선 민중의 수난을 역사의 교훈으로 전하고 있다.

1979년 10월 교토시

4백 년간 일본 땅에서 방황하던 귀무덤의 원혼은 박삼중 스님 일행에 의해 1990년 4월 22일 국내로 천도되었다. 이때 일부 일본인들은 자신의 조상들이 저지른 만행을 참회했고, 재일동포들은 감격에 겨워 말을 잇지 못했다.

한편 유해 발굴 과정에서 일본불교종단간 이견이 생겨 영령을 하룻밤 모시기로 했던 사찰이 이를 거부하는 지경에 이르게 됐다. 이때 급히 찾은 곳이 방광사였다. 이 절은 몇 년 전 삼중 스님이 이총을 발견하고 관리를 잘못한다며 뛰어들어가 주지를

야단치고 유해를 반드시 한국으로 모셔 가겠다고 으름장(?)을 놨던 그 절이었다. 정말 묘한 인연이 아닐 수 없었다.

이 같은 온갖 우여곡절을 겪으며 고국으로 돌아온 이총 영혼들은 이 땅에서 또 한번의 쓰라린 비애를 맛보아야 했다. 영혼을 봉안할 마땅한 장소가 나타나지 않았기 때문이었다. 처음에는 제주도에 모시려고 했으나 이곳이 임진왜란과는 관계없는 곳이어서 명분이 없었고, 여주 충무공 사당 근처에 모시려고 하자 시의회에서 '전쟁 패배자들의 영혼을 이순신 장군 사당 근처에 둘 수 없다'며 강력 반발하여 수포가 됐다. 결국은 아무 곳에도 모시지 못하고 1년 가까이 부산에 있는 삼중 스님의 개인 사찰인 자비사 법당에 모셔야 하는 어처구니없는 일이 벌어지게 된 것이다.

후일 삼중 스님은 이 일에 대해 이렇게 말하고 있다.

"교토에서 귀무덤을 발견했을 때는 꼭 불이 가득 든 화로를 통째로 뒤집어쓴 그런 느낌을 받았었다. 그런데 이 이총 영령들을 모시고 우리 나라에 와서는 이 넓은 땅 가운데 이분들을 안장할 곳이 없다는 사실을 알고 불에 달군 쇠고챙이로 가슴을 도려내는 배신감이 들었다. 국민 모두가 반기고 이들을 위령해야 하거늘 '패전자'이기 때문에 안 된다는 이런 논리가 나오니 어찌 영령들을 똑바로 대할 수가 있었겠는가."

그러나 다행히도 경남 사천에 있는 조명군총(朝明軍塚)이 퍼뜩 떠오르게 되었다. 임진왜란 때 우리 나라를 도와주기 위해 파병됐다가 이국만리에서 숨진 명나라 군인과 조선 병사들의 시신이 함께 묻힌 곳이었다. 당시 같은 시기에 절명한 이들의

옆에 귀무덤을 만들어 줌으로써, 귀 없이 구천을 헤맸을 영혼
들에게 다시 귀를 찾아 주는 도리를 다하게 된 것이다.

세계적으로도 희귀한 참상

집단적으로 귀를 자르고 코를 벤 전쟁사는 왜군의 만행이 유
일한 것으로 보인다. 서양 역사에도 귀를 자르고 코를 벤 경우
는 아주 드물게 나타난다. 가령 화가인 고호가 창녀촌을 다녀
온 뒤 성경을 펼쳐 보니 '너의 오관의 하나가 타락의 죄를 범
하거든 그것을 잘라 불에 던지라'는 구절을 보고는 자신의 귀
를 잘랐다(일설에는 그의 자화상에 귀가 그려져 있지 않다고 고갱
이 비난하자 그 자리서 면도칼로 귀를 잘라 버렸다고도 함)는 이야
기 정도가 전한다.

코 역시 마찬가지다. 춘추시대 초왕이 새 여인을 얻었는데 그
미모가 출중해 금지옥엽처럼 여겼다. 그런데 놀라운 것은 왕비
가 새 여인을 초왕 이상으로 좋아하는 것이었다. 왕은 왕비가
질투할 것으로 여겼다가 너무 잘 대해 주자 부담없이 즐겼다.
왕비는 여전히 새 여인에게 왕실 법도에서부터 화장하는 법까
지 자세히 가르쳐 주는 등 변함없이 잘 대해 주었다. 다만 어
느날인가부터 왕비는 새 여인에게 '왕께서 너를 무척 사랑하
지만 다만 너의 코가 마음에 들지 않는다고 하니 앞으로 왕을
모실 때에는 반드시 손으로 코를 가리고 가라'고 일렀다. 이 여
인은 왕비가 시킨 대로 왕 앞에 나설 때마다 코를 가렸다. 이
를 이상하게 여긴 왕이 왕비에게 물었다.

▲ 전북 부안 호벌치에서 코무덤 안장식을 갖고 있는 모습. 이곳은 조선 의병이 왜군을 대파한 곳이 기도 하다.

"새 여인이 내 앞에서 코를 가리는데 무슨 까닭이오?"

그러자 왕비가 기다렸다는 듯이 대답했다.

"그것은 다름이 아니오라 대왕의 몸 냄새가 싫어서 그리 한답니다."

이 말을 들은 왕은 머리끝까지 화가 나 새 여인을 잡아들인 뒤 코를 깎아 내쫓았다는 일화가 전할 뿐이다.

이처럼 귀와 코를 자르는 것은 가장 큰 형벌에 속했으며 자존심을 크게 훼손시키는 일이었던 것이다. 그런데 왜군들은 이 땅에서 아무렇지도 않게 이 같은 만행을 저질렀고, 또 그 무덤을 4백 년 넘게 방치해 온 것이다.

우여곡절 끝에 경남 사천의 조명군총에 귀무덤이 안장되고, 전북 부안의 호벌치에 코무덤이 안치됐지만 이곳을 아는 이들

이 드물다. 그래서 코와 귀를 잃은 영령들은 수백 년 만에 고국으로 돌아왔지만 여전히 홀대받고 있기는 마찬가지다.

어렵게 모셔 온 영령들. 그들이 편히 쉬게 하는 것도 중요하지만 정당한 대접을 받지 못하고 있다면 이 또한 문제가 아니 되겠는가. 이들 영혼을 슬프게 하거나 기쁘게 할 수 있는 것은 이제 이 땅에 살아 있는 이들의 몫이 되었다. 불쌍한 영령들을 더 이상 슬프게 하지는 말아야 할 것이다.

천주 향한 일편단심, 무덤꽃 되었나
청양 가톨릭 신도 줄무덤

　‘충남의 알프스’라는 별칭이 잘 어울릴 만큼 산과 물이 많은 곳. 객지 사람도 이곳에서는 푸를 청(靑) 자를 떠올리고, 햇빛 밝은 날에는 볕 양(陽)까지 덧붙여 스스로가 이름을 지어 부를 정도로 낯설지 않은 땅 청양. 그러나 한약재나 차(茶)로 쓰임새가 큰 구기자의 최대 산지요, 고추를 비롯해 각종 산나물 생산량이 전국 으뜸으로 소문나면서 청양의 신비가 조금씩 벗겨지기 시작하여 지금은 ‘충남의 오지(奧地)’라는 별명을 무색케 하고 있다. 더군다나 가수 주병선 씨가 부른 〈칠갑산〉 노래가 히트하면서 청양은 유명세를 더하기 시작하여 이제는 남녀노소 누구에게나 친근한 마음의 귀향처가 돼버렸다. 반면 신앙인의 눈으로 들여다본 청양은 초기 천주교인들의 피눈물이 엉겨붙어 한 점 한 점 줄지어 나타나, 있는 한의 고향으로 남아 있다. 청양군 화성면 농암리에 있는 다락골 줄무덤 때문이다.

　‘일부토(一抔土), 즉 한 줌의 흙 속에 배어 있는 영혼의 무게는 얼마나 될까.’

다락골 줄무덤 앞에 서면 누구나 느끼게 되는 회한(悔恨)이다. 더군다나 그 무덤의 주인공이 성(姓)도 이름도 모르는 무주고혼 (無主孤魂)이라면 일러 무엇 하겠는가.

한많은 영혼의 고향

'태양빛보다 더 밝은 곳/믿는 맘 가지고 보겠네/우리 주 믿는 자 위하여/있을 곳 예비해 두셨네/며칠 후 며칠 후/요단강 건너가 만나 리/며칠 후 며칠 후 요단강 건너가 만나리.'(찬송가 가사)

▲ 줄무덤의 상징물이 된 천주교 무명 순교자 탑과 제단.

줄무덤 앞에 서면 '묻힌 자'와 '산 자의 교감(交感)이 쉽게 이 뤄진다. 신앙인이라는 공통분모가 아니더라도 과거 이들이 흘 린 피의 보혈이 이 땅에 2백만 명이 넘는 천주교 신자로 만개 한 감격이 있기 때문이다.

지금으로부터 130년 전 천주교 박해 때 숨진 동료의 시신을

메고 산으로 산으로 밤길 50~60리를 달려와 이곳에 시신을 안
장할 때 '산 자'들의 심정은 어떠했을까. 바로 깊은 산중의 다
락골인 이곳이 '태양빛보다 더 밝은 곳'이었고 '믿는 자를 위하
여 예비해 두신 땅'이 아니었겠는가. 또 언제 죽을지 모르는 목
숨인지라 '며칠 후 며칠 후 요단강 건너가 만나리'라고 한(恨)을
토해 냈음을 짐작케 한다.

이 가사가 지금은 장례식 때 많이 부르는 대표적 찬송가가
됐지만, 믿는 자들에게는 희망을 안겨 주는 승리의 성가로 자
리잡은 것도 초기 신자들의 희생 덕분이 아닐 수 없다.

세례명이 프란치스코라는 한 천주교인은 이곳에 올 때마다
여기야말로 '태양빛보다 더 밝은 곳'이라는 느낌을 받는다고 한
다. 그만큼 이곳은 양지 바르고 아늑해 공동묘지보다는 평화의
동산으로 여기게끔 한다. 반면 이곳이 평화의 동산이라는 공감
대를 갖게 되는 또 다른 이유는 줄무덤을 찾는 데 적잖은 품이
소요되기 때문이다.

지금이야 청양 읍내나 대천, 혹은 예산과 홍성에서도 29·32
번 국도와 619번 지방도로를 이용해 쉽게 접근할 수 있을 만큼
도로 사정이 좋아졌지만, 10여 년 전만 해도 묻고 물어 찾아야
할 정도로 숨겨진 곳이었다. 그러니 이곳을 어렵게 찾은 순례
객들의 마음은 얼마나 기쁨이 넘치고 넘쳤을까. 따라서 평화의
동산이라는 표현도 나옴직하다.

지금은 청양이나 화성에서 '줄무덤 성지'를 물으면 웬만한 어
른들은 쉽게 일러줄 만큼 명소(?)가 됐지만, 130년 전에 일어난
병인박해 때는 신앙의 도피처요 순교자의 주검을 장례하는 고

난의 땅이었다.

영혼의 엑소더스

병인박해 때 청양에서 순교자가 많이 나왔다는 기록은 없다. 그렇다면 총 36기의 줄무덤이 청양땅에 자리잡게 된 연유는 무엇일까. 의문을 갖지 않을 수 없다. 더군다나 130년 전 이곳은 대낮에도 호랑이가 나올 만큼 깊은 산골이었고 더군다나 도로 사정은 말이 아니었다. 신앙의 지혜가 아니고서는 풀 수 없는 수수께끼이다.

줄무덤의 주인들은 대부분 홍주(현 홍성)에서 순교한 천주교 신자들이었다. 관가에서 참형돼 부근에 아무렇게나 매장돼 있던 시신을 최양업 신부 등 살아 남은 자들이 '훔치다시피' 이를 수습하여 목숨을 걸고 이곳까지 옮겨 온 것이다. 몇 년에 걸쳐 계속된 이 작업은 한마디로 '영혼의 엑소더스'로 불릴 만큼 당시로서는 생각할 수 없는 큰 사건이었다.

홍주에서 이곳까지의 거리는 약 30㎞ 정도다. 기록에 의하면 시신을 수습한 일련의 천주교인들은 야밤을 이용해 시신을 옮겼으며 유골이나 일부 시신은 상자 속에 넣어 보부상 차림으로 옮기기까지 했다는 것이다. 그 길은 현재 29번 국도가 지나는 홍성-홍동-금마-노전-천태를 거쳐 지방도 619번인 산정을 경유하는 코스가 됐을 것으로 보인다.

이 길은 현재도 큰 재(嶺)를 4개나 넘어야 하는 험한 코스이다. 당시 신심과 동지애만 믿고 교우의 시신을 짊어진 채 밤길

을 달렸을 다락골 식구들을 떠올리면 누구라도 숙연해지지 않을 수 없다.

더군다나 성도 이름도 알 수 없는 참혹한 시신을 마다하지 않고 한 구 한 구 옮겨놓은 것이 총 36기에 이른 셈이다. 이것도 처음에는 옮겨 온 순서대로 매장하고 나중에서야 봉분을 만들다 보니 자연스레 오늘의 줄무덤 모양이 조성된 것이다.

무명 순교자의 안식처

다락골 줄무덤의 주인은 하나같이 성도 이름도 없는 무명 순교자들이다. 이들은 산 능선을 삼등분해 사이좋게 누워 있다.

양업로(良業路-최양업 신부 이름을 붙인 길)와 최신부의 생가터인 새터를 지나 다락골 주차장 앞에서 시작되는 줄무덤 성지는 220m쯤 산을 오르다 보면 작은 안내판이 서 있다. 제1, 제2, 그리고 제3 줄무덤의 방향을 가리키는 이정표다. 제1, 제2 줄무덤과 제3 줄무덤으로 양분된 순례길은 산 정상 부근에서 서로 만나게 돼 있어 아무 쪽을 선택해도 문제는 없다.

제1·2 줄무덤 쪽을 향해 올라가다 보면 14개의 항아리 모형 조형물을 보게 된다. 항아리 뚜껑 위에 십자가를 달고, 측면에는 동판 부조물 조각을 부착한 이 조형물은 '예수 사형 선고 받으심'을 시작으로 '예수 십자가 틀 지심' 등 고난의 순서를 담고 있다.

이렇게 250m를 오르고 나면 제1 줄무덤이 나타나는 바로 아래에 제2 줄무덤이 자리하고 있다. 제1 줄무덤 중앙에는 대리석을 깎아 만든 '천주교 무명 순교자들의 묘'(일명 다락골 줄무덤)

▲ 줄무덤 언덕길에 나란히 세워져 있는 항아리 모양의 조형물.

를 알리는 묘비가 서 있고, 바로 옆에는 역시 대리석으로 된 제단이 놓여 있다. 이곳에서는 매년 수차례씩 순교자들을 위한 기념 미사와 정기적인 성지순례가 진행된다. 제1 줄무덤에 묻힌 무명 순교자는 총 14명이다. 바로 아래에 있는 제2 줄무덤에도 10기의 유골이 안치돼 있다.

제3 줄무덤은 다시 산 능선으로 올라와 오솔길에서 1백여 걸음 옮기면 곧 만날 수 있을 만큼 가깝다. 여기에도 12기의 묘가 있어 전체 묘는 총 36기에 이르게 된다.

▲ 줄지어 나란히 안장된 순교자들의 무덤을 알리는 안내판.

반면 이 줄무덤 사이에는 잘 단장된 경주 최씨 무덤들이 즐비하여 무명 순교자의 묘를 더욱 초라하게 하고 있는데, 이곳에 경주 최씨 묘가 많은 것은 그들의 종산이기 때문이다.

마음의 고향을 찾아

줄무덤은 비교적 잘 정리돼 있다. 경기도 과천에서 순교한 최경환 성인과 우리 나라 두 번째 사제인 최양업 신부의 탄생지가 이곳 줄무덤 초입의 새터인 만큼 찾는 이들이 많아 그때그때 단장을 하기 때문이다.

그러나 아쉬움은 여전히 남는다. 현재 청양 천주교회에서 관리 책임을 맡고 있지만 기념관이나 유물관은 물론 안내 책자 하나 비치할 만한 공간도 없기 때문이다.

▲ 언덕 꼭대기에 위치한 제1줄무덤. 이곳에는 14기의 무덤이 조성돼 있다.

  겨우 마련한 주차장 역시 평소에는 농민들이 마당으로 사용하거나 성지 순례단이 왔을 때 마을 주민들이 산나물 등을 팔기 위한 임시 장터 구실을 하는 것으로 만족해야 할 정도다.

  다락골에서 3대째 살고 있다는 최모 씨는 이렇게 말한다.

  "옛날 천주님이 누구인지도 제대로 모르면서 그분에게 충성을 바치기 위해 어떤 이는 그 시신을 여기까지 모셔다 묻었는데…, 지금 사람들은 정성이 없는 것 같아요. 웬만하면 조그만 기념관이라도 마련할 만한데 말입니다."

  줄무덤이 있는 다락골의 원래 지명은 달안골이다. 그러나 다래가 많이 나온다고 해서 다랫골로 불리다가 다락골로 자리매김되었다. 하지만 줄무덤이 들어서 성지가 된 만큼 신앙골이나 믿음골이란 지명이 더 잘 어울린다는 느낌을 지울 수 없다.

어느새 산자락을 움켜쥐고 다가온 어스름이 줄무덤을 덮어
가고 있다. 과거 박해를 피해, 아니면 영원히 살기 위해 생명을
바친 순교자들의 넋을 감출 양으로…….

태백산 민초들이 만든 호식총

'인사유명 호사유피(人死有名 虎死有皮).'

'사람은 죽어서 이름을 남기고 호랑이는 죽어서 가죽을 남긴다'는 말이다. 그러나 강원도 태백산 일대에서는 '사람은 죽어서 호식총(虎食塚)을 남기고 호랑이는 죽어 산신이 된다'는 믿음이 더 크다. 물론 '호랑이 담배 피우던 시절의 전설 같은 이야기다.

21세기를 맞은 지금 '호식총은 무엇이며 산신은 또 누구냐'고 반문할 수 있겠지만 현장(?)에 가보지 않고는 속단할 일이 아니다. 태백시에서 그리 멀지 않은 곳에 호식총이 남아 있을 만큼 먼 옛날의 이야기가 아니기 때문이다.

호랑이한테 물려 죽은 사람, 그 원혼은 창귀가 되어 또 다른 이를 호랑이 밥이 되게 한다는데…. 따라서 이 악귀(창귀)를 제압하기 위해 산골 사람들이 지혜를 모아 짜낸 장례 풍속이 바로 호식장이고 그 무덤이 호식총이다. 우리 나라에서만 있었던 이 독특한 의식은 구한말까지 계속됐었다고 한다.

호랑이는 사람을 잡아 먹으면 대개는 머리를 남겨 놓는다고

한다. 만물의 영장에 대한 최소한의 예의(?)인지는 몰라도 호환(虎患)을 당한 자리에는 뼈와 함께 머리가 자주 발견돼 그렇게 생각하게 됐는지도 모른다.

호랑이한테 사람이 물려가 호식을 당하면 뒤늦게 성한 사람들이 몰려와 유해를 수습한 뒤 화장을 하고 그 위에 돌무덤을 쌓게 되는데, 이것이 호식장이고 그대로 호식총이 된다. 그러나 호환을 당하지 않은 사람들은 이때부터 몸서리치는 두려움에 휩싸이게 된다. 바로 호랑이보다 더 무서운 창귀에 씌일 수 있기 때문이다.

▲ 돌무덤을 연상케 하는 호식총. 태백산 줄기에는 이런 무덤이 많이 남아 있다.

그래서 이들은 돌무덤 위에 시루를 엎어 놓고 그 구멍에 물레의 쇠가락까지 꽂아 놓은 뒤에야 안도의 한숨을 쉰다. 더 이상 창귀가 날뛸 수 없도록 완전히 제압해 놓았다고 믿기 때문

이다.

▲ 돌로 누르고 시루로 쪄 창귀를 제압하고자 했던 민초들의 애환이
  담긴 호식총의 모습.

　호식총을 돌로 만드는 까닭은 창귀를 꼼짝 못하게 가두어 놓
은 금역임을 알리고, 그 위에 시루를 얹는 것은 돌무덤도 못
미더워 모든 것을 쪄 없애겠다는 뜻이 포함돼 있다. 쇠가락 역
시 창귀를 제압하는 무기에 해당되는데 그것도 여느 쇠가락이
아닌 물레의 쇠가락을 사용한다. 이는 제자리, 다시 말해 창귀
가 무덤 안에서만 맴돌다가 밖으로 빠져 나오지 말라는 기원을
담고 있다. 이 과정에서는 또 후손들에 대한 배려도 포함돼 있

124

다. 돌로 된 호식총은 벌초가 필요없는 만큼 후손들이 혹시라
도 창귀에 노출될 염려가 없다는 것이다.

호랑이보다 더 무서운 창귀

옛날 태백산 산골 사람들은 호랑이보다 창귀를 더 무서워했
다. 왜냐하면 창귀가 호랑이를 끌고 다니기 때문이다. 산골 동
네 사정은 물론 각 가정 살림까지 훤히 꿰고 있는 창귀인지라
누구라도 한번 걸리면 호랑이한테 잡혀 먹힐 때까지 빠져 나올
수가 없다. 창귀가 호랑이보다 더 무서운 이유가 여기에 있다.

창귀는 호랑이에게 잡혀 먹힌 사람의 원혼을 말한다. 《창우
기담(艙雨奇談)》에는 '창귀는 호식당한 사람의 영혼으로 감히
다른 곳으로 가지 못하고 오로지 호랑이의 노예가 된다'고 적
고 있다. 창귀는 지옥과 같은 호랑이의 위세권에서 탈출하기
위해 다른 사람이 호랑이에게 잡혀 먹히도록 유도하는 역할을
맡고 있다. 소위 '물귀신' 노릇을 하는 셈이다. 따라서 창귀는
자신이 생전에 잘 알던 사람들을 찾아나서며 호랑이 먹이감을
구하게 된다.

한밤중에 자꾸 밖에서 누가 부른다며 방문을 열고 나가는 사
람, 멀쩡하던 사람이 멍하니 앉아 먼산만 바라보고 있다면 창
귀에 씌인 것으로 보면 틀림없다. 이처럼 이상 행동을 보이는
사람은 머지않아 호식이 되기 십중팔구다. 창귀는 호랑이의 새
로운 먹이감을 구해 주어야만 자신의 영혼이 자유로워지기 때
문에 호랑이와는 찰떡궁합이 되지 않을 수가 없다.

이같이 변화무쌍한 창귀인지라 그 명칭 또한 다양한데, 박지

원이 쓴 〈호질〉에서는 굴각(屈閣), 민간에서는 홍살이 귀신, 특히 태백 지역에서는 가문글기로 불리어 왔다.

눈썹이 길면 호식당할 상(相)

강원도 태백시 창죽의 조개장터 어귀에는 '장군 화장터'라는 별칭이 딸린 호식총이 있다. 이 무덤의 주인은 장군이라고 불린 만큼 힘이 셌던 까닭에 붙여진 이름이다. 그는 생전에 장정 40여 명이 할일을 혼자 해치우는 괴력의 소유자였지만 눈썹이 유난히 긴 게 흠이라면 흠이었다.

옛말에 눈썹이 길면 호식을 당할 상(相)이라고 했기 때문이다. 이때마다 그는 크게 웃으며 농담하지 말라고 소리를 쳐댔다.

까마귀가 몹시 울던 어느날, 김장군은 집 앞 개울가에서 나무를 하다가 늘어지게 낮잠을 자고 있었다. 이때 갑자기 범이 나타나 김장군의 배를 찍어 눌렀다. 놀라 일어난 김장군은 범과 엉겨붙어 싸우기 시작했다. 근처에 있던 아내가 달려왔으나 오금이 저려 부들부들 떨고 있다가 겨우 정신을 차려 아랫마을로 사람을 부르러 가려 했다.

이때 김장군은 아내를 불러 세운 뒤 '사람들을 데리러 가지 말고 낫이나 도끼 중 아무 거나 던져 달라'고 악을 썼다. 그러나 아내는 겁에 질려 아랫마을로 줄달음을 쳤고, 마을 사람들이 달려왔을 때는 이미 힘이 빠진 김장군이 잡혀 먹히고 머리만 남은 뒤였다. 사람들이 그곳에서 화장을 하고 돌무덤을 쌓은 뒤 시루를 올려놓은 것이 오늘까지 '장군 화장터'라는 호식

총으로 남아 있게 된 사연이다.

　태백시 문곡(文曲) 편뜰에도 똑같은 호식총이 있다. 이곳에서
는 대씨(大氏) 집안의 여자아이가 호식을 당했다. 그런데 딸아
이는 호랑이에게 물려가기 며칠 전부터 마을 앞 산등을 쳐다보
며 자꾸만 울고 있더란다.

　집안 어른들은 아이가 어디 아픈가 하면서도 별일이야 없겠
거니 하며 크게 신경을 쓰지 않았다. 그날 아버지는 장터에 다
녀온 뒤라 피곤해 누워 있었고 어머니는 방앗간에서 보리를 찧
고 있었다.

　이때 방문이 부서지는 소리와 함께 호랑이가 나타나 아이를
눈 깜짝할 사이에 물고 달아났다. 그 뒤 얼마 후 앞 산등성이
에서 여자아이의 머리가 발견됐는데 호랑이가 혀로 머리를 싸
악 핥아 왼가리마를 지워 바위 위에 달랑 올려놓았더라 한다.
그 자리가 바로 호식총이 된 것은 물론이다.

　이 같은 호식총의 흔적은 태백시 철암동 버들골, 설통바우 밑
화장터 등 태백에 33곳, 삼척시 노곡면 상마읍리 범든골 호식터
를 비롯해서 삼척에 53군데, 정선군 북면 유천리 송천 건너개금
벌 속골 호식터 등 정선에 33곳, 영월군 상동읍 구래리 연애골
호식터 등 영월에 5곳 등 강원도에서 경상북도 일대 산간 마을
에 이르기까지 지금까지 파악된 것만 158곳에 이른다. 또 10여
년 전까지만 해도 호식이 되어간 상황 목격담을 생생하게 증언
해 주는 촌로들이 많이 살고 있었다고 한다.

▲ 태백산의 천제단. 이곳은 1년 내내 기도 인파가 끊이지 않는다. 옛날에는 호랑이한테 물려가지 않도록 해달라고 기원했을지도 모른다.

우리 나라는 산지가 70%나 된다. 호랑이가 살기에 좋은 여건이다. 그런 까닭에 호랑이가 많았고 그 피해 또한 사람의 몫이었다. 직접적으로는 호식을 당하는 것이었고 간접적으로는 가축의 피해였다.

호랑이는 또 인간이 상대할 수 없는 맹수였다. 무기가 없을 때 인간은 먹이사슬의 하위권에 속해 있었고 호랑이는 맨 꼭대기에 있어 신(神)이나 다름없었다. 민간에서 범을 산신으로 숭앙하는 이유도 여기서 발견된다. 반면 호랑이는 무서움의 대명사가 됐다. 오죽했으면 전염병인 콜레라를 호열자(虎列刺)라고 했을까.

조선시대의 태종·중종·영조 때의 기록에 의하면 황해도에서부터 경상도에 이르기까지 호랑이한테 물려 죽은 사람이 한

128

해 수십 명이 넘고 있으며, 영조 때에는 호랑이가 경복궁 후원까지 들어왔었다는 기록이 전한다. 특히 영조 30년에는 경기도 지방에서 한 달 동안 호랑이에게 물려 죽은 사람이 120명을 넘었다고 하니, 지금의 교통사고 사망률보다 더 심했을 정도다. 이 같은 기록은 현재 인왕산 입구의 안내판에도 상세히 소개돼 있다.

그렇게 흔했던 호랑이는 다 어디로 갔을까. 정부는 한국전쟁 이후 남한에서는 호랑이가 더 이상 발견되지 않고 있다고 공식 발표한 바 있다. 과학의 발달로 호랑이가 인간의 적수가 되지 못했음인지, 아니면 창귀를 제압하려고 조성한 호식총의 위력이 효험을 발휘했든지 간에 이제 살아 있는 호랑이는 동물원에서나 만나 볼 수 있을 뿐이다.

그러나 호랑이는 여전히 우리 민족의 가슴속에 살아 있다. 가장 두려운 맹수로 수백 수천 년간 쫓기고 잡아먹히면서도 호랑이를 잊지(?) 못하는 이유는 무엇 때문일까. 바로 맹용성의 상징이자 백수의 왕에 대한 경외심 때문일 것이다.

호랑이는 방위를 나타내는 4신(청룡, 백호, 주작, 현무) 중 하나다. 또 띠를 상징하는 12지신 중 3번째 동물이자, 민간에서는 산신의 역을 맡고 있다. 이 때문에 호랑이를 별칭하여 산군(山君), 산군자(山君子), 산신령, 산중 영웅으로 호칭하고 있다. 또 호랑이는 벽사의 주재자로도 그 역할을 맡고 있는데, 정초 때 대문이나 기둥에 호축삼재(虎逐三災)라는 방문을 써붙여 귀신을 물리치는 데 사용한다. 호랑이 뼈가 사악한 기운을 물리치는 데 이용되는 이치도 같은 맥락으로 풀이된다. 88 서울올림픽 때

호랑이(호돌이)가 마스코트로 등장한 것도 신(神) 못지 않은 대우(?)를 받은 셈이다.

그러면 왜 태백산 일대 사람들은 호랑이 밥이 되기를 마다하지 않으며 호랑이골에 눌러 살았을까? 《호식장》의 저자 김강산 씨는 호식터 답사와 촌로들의 증언을 토대로 '숙명론'을 주장한다. '혹독한 정치와 관리의 횡포, 과중한 세금은 호랑이보다 무섭다'는 공자 시절의 말처럼 태백산맥 안으로 들어와 살던 화전민 가운데는 학정(虐政)에 쫓겨온 사람들이 많았다.

그들은 차라리 호랑이에게 잡아먹히더라도 숙명으로 알고 묵묵히 화전을 일구며 마음의 평정을 구했고, 호식된 상황을 신성한 경지로 격상시켜 슬픔을 승화하려 했다.

오늘날 못된 짓 하는 인간들에게 들려줄 수 있는 말 중에 '호

랑이한테 물려갈 놈'이라는 말이 사라지고 있다. 몹쓸 인간을 물어갈 호랑이가 없기 때문이다. 그러나 아직도 호랑이보다 무서운 창귀는 여전하다. 못된 짓 하다가는 호랑이가 아닌 창귀에게 잡혀갈 수도 있다는 얘기다.

북한군 무장 간첩의 원혼이 묻힌 곳
경기도 파주 북한군 묘지

호국 보훈의 달 6월이 되면 많은 이들이 국립묘지를 찾는다. 조국과 민족을 위해 희생된 영령들을 위로하기 위함이다. 2000년 6월은 6·25 전쟁이 발발한 지 꼭 50주년이 되는 해였다. 따라서 어느 해보다 호국 영령들에게 바치는 헌화와 분향에 대한 감회가 깊었다. 그러나 잠시 눈을 돌려 보면 이 땅에서 맘 편히 잠들지 못한 젊은 영혼들의 묘지가 있다. 같은 민족이면서 사상과 이념의 차이로 '원수'의 무덤이 돼버린 이들, 이름하여 적군 묘지다. 호국의 달 6월에도 꽃 한 송이 받지 못한 채, 지하에서 북녘땅을 향해 망향가(望鄕歌)를 목매어 부르고 있을 이들을 찾아보았다.

일명 적군 묘지로 불리는 북한군·중국군 묘지는 임진강이 내려다보이는 경기도 파주시 적성면 답곡리 산 56번지에 위치해 있다. 1996년 5월부터 군 당국이 전국에 흩어져 있던 북한군 시신(유골)을 이곳으로 모아 묘역을 조성하면서 '적군 묘지'라는 별명이 붙게 됐고, 해마다 그 숫자도 늘어 지금은 바로 옆 야

산에 1천1백81평 규모(약 2백여 기 분량)의 새 묘지터를 조성중에 있다.

1996년에 완공된 북한군 묘지는 총면적 772평에 3단으로 조성돼 있다. 하단에는 소위를 비롯해 상위 등 간부급 유해 50기가 묻혀 있고 중단에는 무명인 59기, 그리고 상단은 빈터로 남아 있다.

무덤의 주인들은 6·25 전쟁 때 낙동강 전투에서 전사한 북한군 25명과 중공군 1명을 포함해 1968년 1·21청와대 습격사건 때 사살된 무장공비 30명, 1998년 반잠수정을 타고 남해안으로 침투하려다 격침된 공작원 6명 등이다.

▲ 동족상잔의 흉터로 남아 있는 북한군 묘역을 찾은 스님이 망자들의 기록을 보며 안타까워하고 있다.

이 밖에 임진강 한강에 표류돼 온 북한군 시신 2구, 대한항공 폭파범, 3사단 침투 무장공비, 동해안 무장공비, 신분 미확인

북한군 시신 등 총 109명이다.

묘역 주변에는 위령비 대신 이곳이 북한군과 중국군의 묘지임을 알리는 콘크리트 안내비가 서 있을 뿐 다른 구조물은 하나도 없다. 큰 길가에도 안내판이나 이정표도 없어 사실상 이곳이 버림받은 자들의 유택단지임을 알게 한다.

이들의 묘는 한 평이 조금 넘는 작은 봉분과 묘비를 대신하는 나무막대기가 전부다. 일년 내내 가족 한 명 찾아오는 이 없고 또한 올 수도 없는 곳이다. 이들의 고향이 지구 끝보다도 더 면(?) 북한땅이기 때문이다. 무덤 앞에 꽃 한 송이 놓아 주는 이 없지만 그래도 다행인 것은 이들의 묘지가 자신들의 고향인 북한땅을 향하도록 조성돼 있다는 것이다. 이심전심(以心傳心)이랄까. 군부대원들이 신경 쓴 까닭이다. 덕분에 이들의 묘역은 일반 공동묘지 못지 않게 관리가 잘 되고 있는 느낌이다. 잔디도 잘 살아 있고 잡초도 별로 보이지 않는다.

다행히도 이곳을 관리하는 제70보병연대 3대대 병사들은 북한군의 시신이 새로 안치될 때마다 합동위령제를 지내주고 있으며, 한식과 명절 때도 이곳에서 공동으로 제사를 지내준다고 한다. 그러나 그럴수록 지하에 묻혀 있는 영혼들은 살붙이에 대한 그리움이 커져만 가리라. 묘역 개설 이후 한번도 연고자들이 찾아온 적이 없는 묘지, 그래서 북한군·중국군 묘지의 비애는 깊어만 간다.

한때는 죽어 마땅한, 아니 반드시 죽여야 할 대상이었던 북한군과 남파 간첩들. 그러나 분단 반백년이 지나고 동족상잔의 비극이 결국 서로의 가슴에 씻을 수 없는 상처민 안겨 주었다

▲ 한때는 적이었지만 그래도 한핏줄이기에 그 영혼이나마 극락왕생하기를 기원하고 있다.

는 공감대가 형성되면서부터 '과거의 치유'가 적군 묘지 복원으로부터 시작되고 있는 셈이다.

이념과 사상이 다르다는 이유로 서로 원수가 됐던 것을 이제는 상생(相生)의 길인 통일로 승화시키자는 목소리가 넘쳐나고 있다. 금강산 관광과 남북 최고 지도자들의 만남도 통일을 앞당기는 촉매제가 될 것이지만, 이보다 먼저 이 땅에서 억울하게 숨져 간 우리 혈육의 한을 풀어 주는 일이 선행돼야 할 것이다.

미군들이 북한에 남아 있는 자국군의 유해를 찾아 송환해 갈 때, 우리는 납북 군인의 생사도 제대로 확인하지 못하고 있는 실정이다. 또 반백년 간 응어리진 이산가족의 아픔은 누가 어루만져 풀어 줄 수 있겠는가. 북한군과 중국군의 묘지가 있는

파주군 적성면 답곡리는 그래서 더 슬픔이 넘친다.

북, 남서 버림받은 영혼들

○○○상위·○○○중위·○○○소위, 그리고 무명인……. 북한·중국군 묘지답게 낯선 계급이 눈길을 끈다. 또 하나는 이들 묘지가 향하고 있는 방향이 모두 한결같이 임진강 너머 북쪽을 향하고 있음을 쉽게 알 수가 있다. 동물인 여우도 죽을 때면 머리를 자기가 살던 굴 쪽으로 향한다고 해서 수구초심(首邱初心)이라는 말이 생겨났다고 하던가. 이 자리에 서면 바로 그 단어가 떠오른다. 영혼이나마 휴전선을 훨훨 넘어 고향을 찾아 다닐 수 있다면 얼마나 좋을까.

그러나 이들은 북쪽과 남쪽 모두에게서 버림받은, 잘못된 역사의 편린(片鱗)에 불과하다. 쓸모없게 된 탄피(彈皮)와 같다는 것이다. 분명 이들은 적화통일을 위해 남한을 침략한 북한군이요, 때로는 이 땅에 혼란을 야기시킬 목적으로 침투된 남파 간첩임에도 불구하고 북한측은 이들의 시신마저 인수해 가길 꺼린 것이다. 이들이 내세운 명분은 항상 상투적인 말인 '간첩을 남파시킨 일이 없다'는 것이다. 그러니까 다시 말하면 시신을 인수해 갈 수 없다는 것이다. 시신을 인수해 가면 결국 간첩을 남파시켰다고 인정하는 꼴이 되기 때문에, 이들은 인륜마저 저버린 채 지금까지도 시신 인수를 거부하고 있는 것이다.

살아서 역사를 되짚어 보고 있는 우리들의 가슴도 답답할 지경인데, 당사자들로 목숨까지 내다 바친 이들 묘지의 주인공의

심정은 어떨까. 아마도 그 영혼이 육신을 되찾을 수만 있다면 당장 총칼로 무장한 채 달려갈 것이다. 어디로…?

그렇다면 남한에서는 그 주검이 어떤·대우를 받았을까. 우리 부모 형제를 죽이고(6·25 때), 대통령을 시해할 목적으로 청와대 인근까지 침투하고(김신조가 관련된 1·21 간첩단 사건), 대한항공 858기를 폭파한 천인공노할 만행범을 과연 예우해 줬을까. 우문우답(愚問愚答)일 것이다. 시신을 원수 대하듯 한 것은 당연지사였고, 일부에서는 아예 주검을 ○○해 길에 ○○하자는 소리까지 나올 정도였다. 그러니 살아서는 북쪽에서 이미 버림받은 채 사선을 넘어왔고, 죽어서는 남쪽에서조차 버림받았던 이들이다. 죄라면 명령에 따랐던 것뿐이고 시대를 잘못 만난 것이지만, 이들의 한은 세월이 흐를수록 더 짙어만 간다.

근래 들어 한국 정부는 간첩일지라도 그 죽음을 불쌍히 여겨 북한측에 시신을 인수해 갈 것을 통보한 뒤 연락이 없으면 화장해서, 그 유골을 북한군 묘지에 안장하는 것을 원칙으로 하고 있어 북한군의 한을 조금이나마 달래 주고는 있다.

이는 '교전중 사망한 적군의 유해도 존중되고 묘지도 관리해야 한다'는 제네바협정 추가의정서 34조의 규정을 따르는 일이기도 하다.

끝나지 않은 동족상잔의 비극

국방부는 6·25 발발 50주년을 맞아, 전쟁 당시 시신을 찾지 못한 호국 용사의 유해 발굴 작업을 개시했다. 2000년 4월 대구

다부동 지역에서 '개토제'를 시작으로 한 유해 발굴 작업은 인도적 차원에서 적군과 아군을 가리지 않았다.

이 중 신원이 확실한 전몰 용사는 국군묘지에 안장하고, 북한 군인으로 확인된 유골 2기는 파주 북한군 묘역에 안치했다. 4월부터 7월까지의 작업에서 발굴한 유해만 2백여 구다. 이 중 몇몇 유골은 신원이 밝혀져 또다시 아픈 상처를 드러내야만 했다.

이번 유해 발굴 작업중 6·25 최대 격전지였던 대구 다부동 328고지 2인용 참호 속에서 유탄에 맞은 채로 숨진 전신 유해 1구가 발굴됐다. 치아 상태로 보아 나이는 24~25세로 충치 하나 없고, 얼굴 골격으로 보아 미남형에 키도 175센티가 넘는 아주 건강한 체격이었다. 유품으로는 호루라기와 만년필, 라이터, 빗, 삼각자 등이 나왔다.

그런데 결정적인 증거(?)가 삼각자에서 나왔다. 플라스틱 삼각자에 최승갑이라는 이름이 쓰여져 있었던 것이다. 국방부에서 추적하여 확인해 본 결과 일흔이 훨씬 넘은 아내와 51세 된 딸이 서울 성북동에 살고 있었다.

이들 모녀는 국방부 관계자의 안내로 유해 발굴 현장에 와서 남편과 아버지의 유골을 확인했는데, 그 세월이 꼭 50년이나 걸렸다.

그 동안 꽃다운 색시는 70이 넘은 할머니가 되었고, 세 살배기였던 딸도 50대의 아주머니가 되었다. 스물셋에 혼자가 된 이 할머니는 남편이 살아 돌아오기만을 기다리다 청춘과 함께 인생을 다 보냈던 것이다. 이 모녀의 기구한 삶, 과연 무엇으로

보상받을 수 있을까. 아니 그것이 보상으로 해결될 것인가.

또 다른 한 사람

격전지 중 하나였던 경주 안강지구의 한 야산. 이곳에는 오래된 무덤이 한 기가 있다. 10여 년 전까지만 해도 '이등상사 이장학'이라는 비목이 있었다고 주민들이 증언했다. 역시 국방부에서 조회해 보니 6·25 당시 전사 및 행불자 중 이장학이라는 이름은 단 한 명뿐이었다. 수소문 끝에 동생을 찾을 수가 있었

▲ 1백여 구가 넘는 유골이 안장돼 있는 경기도 파주의 북한군 묘역.

다. 형의 유해 발굴 현장으로 달려온 동생은 이렇게 울먹였다.

"형님, 너무 늦게 찾아와서 정말 죄송합니다."

6·25 최대 격전지였던 다부동 발굴 현장에서는 17세 정도 된 어린 학생들의 뼈가 수없이 나왔다. 사랑니도 안 나고 머리뼈

이음새도 완전히 굳지 않은 모습이었다. 또 학도병들의 것으로 보이는 교복 단추, 운동화도 다수 발견되었다.

이렇게 해서 유골 없는 전사자만 10만 명이 넘는다. 현재 국립묘지에도 시신을 찾지 못해 현충탑 내부에 위패만 봉안한 전사자가 10만 3천 명에 이른다.

반백년 전에 일어난 비극이지만 총성만 멎었지 그 비극과 상처는 여전히 아물지 않은 채 우리들 가슴속에 남아 있는 셈이다. 북한군 묘역에 꽃 한 송이 놓아 주는 심정은 아마도 민족 상잔의 가슴앓이가 비슷하기 때문이 아닐까. 그래서 북한군 묘지를 찾은 시인 구상 씨는 이런 시를 남겼는가 보다.

초토(焦土)의 시
-적군 묘지 앞에서

오호, 여기 줄지어 누워 있는 넋들은
눈도 감지 못하였겠고나

어제까지 너희의 목숨을 겨눠
방아쇠를 당기던 우리의 그 손으로
썩어 문드러진 살덩이와 뼈를 추려
그래도 양지바른 드메를 골라
고이 파묻어 떼마저 입혔거니

죽음은 이렇듯 미움보다, 사랑보다도
더 너그러운 것이로다

이곳서 나와 너희의 넋들이
돌아가야 할 고향 땅은 삼십리면
가루 막히고
무주공산의 적막만이
천만근 나의 가슴을 억누르는데

살아서는 너희가 나와
미움으로 맺혔건만
이제는 오히려 너희의
풀지 못한 원한이 나의
바램 속에 깃들어 있도다

손에 닿을 듯한 봄 하늘에
구름은 무심히도
북으로 흘러가고

어디서 울려 오는 포성 몇 발
나는 그만 이 은원(恩怨)의 무덤 앞에
목놓아 버린다

뻐꾸기 소리만 들리는 묘역

여름이 시작되는 6월초. 모내기를 마친 들판이 푸르름을 더해
가고 있지만, 북한군 묘역 일대는 한적하기가 사계절 내내 마
찬가지다. 가끔 북쪽에서 불어오는 바람을 한 점이라도 더 느
끼려는 듯 무덤 위의 잡초가 고개를 내밀고 있지만, 그 잡초가

죽은 자의 영혼을 대신한 몸짓이라고 알아나 줄까.

그런데 이 일대에서 수십 년간 농사를 짓고 살아왔다는 이모 씨는 "북한군 묘지가 들어선 뒤부터 6월에 우는 뻐꾸기 울음 소리가 더 슬퍼진 것 같다"며 "이는 아마도 지하에 있는 북한군의 혼이 담겨 망향가를 부르기 때문이 아닌가 싶다"고 전한다.

새천년 호국의 달을 맞아 찾아본 북한군 묘지. 이데올로기에 희생된 젊은 영혼들은 생각하면 그들이 북한군이요 남파간첩이라는 분노에 앞서 비극의 전철을 다시 밟아서는 안 된다는 결의가 서게 된다.

호국 보훈의 달 6월. 통일의 물꼬가 열리기 시작하는 임진각 자유의 다리와 파주 통일동산을 둘러보는 가족 나들이도 보람 있는 일이 될 것이다. 이때 가능하면 파주시 적성면 답곡리에 있는 북한·중국군 묘지도 들러 '용서는 하되 잊지는 말자'는 명언을 되새겨 보는 것도 새삼스러울 것이다.

제암리 교회 23인의 무덤

　얼마 전 한국 개신교계 일각에서는 3·1운동의 상징처인 경기도 화성군의 제암교회(담임 목사 강신범)를 재건축, 보국위민의 뜻을 기리자는 의지를 천명한 바 있다.

　이 취지 속에는 '침략의 원흉인 일본 사람들에 의해 지어진 현재의 교회당을 헐고, 그 자리에 현대식 교회와 유물관 부속 건물을 새로 세우자'는 내용이 포함돼 있었다.

　민족의 성역을 더 이상 더럽히지 않고, 선열의 자존심을 짓밟지 않겠다는 의지 표명이었다. 그러나 '광복의 달'인 8월, 전국 교회에서는 각종 기도 소리는 요란했지만 정작 제암교회의 성역화 작업은 아무런 진전 없이 새 달을 맞게 되었다. (1997년 현재)

　피끓는 애국심도, 바윗돌을 옮길 만했던 믿음도, 원수 앞에서 만세를 외쳐댔던 용기까지 다 사라진 것일까. 순국선열 23인이 잠들어 있는 제암교회는 '잊혀져 가는 과거의 역사'가 돼가고 있다.

▲ 제암리 교회 뒤편에 자리하고 있는 순국 23인의 묘소.

1919년 4월 15일, 수원에 주둔하고 있던 일본군 제78연대 소속 아리따 다께오 중위가 헌병 1개 소대와 일본 경찰 등 30여 명의 군·경을 이끌고 제암리에 들어왔다. 이 중 발안주재소의 사사까(佐析) 소장과 매국노 조희창(趙熙彰)이 마을 사람들을 불러 모은 뒤 '지난 4월 5일 발안장터에서의 만세 사건 때 너무 심하게 진압해 사과하러 들렀으니 주민 중 15세 이상의 남자들은 모두 예배당으로 모이라'고 광고했다.

마을 사람들은 반신반의하면서도 예배당으로 모여들었다. 오후 2시가 조금 지나자 20여 명의 청·장년이 회당을 메웠다. 이때 바깥에 있던 일본 경찰과 헌병들은 교회 문에 대못질을 한 뒤 석유를 뿌리고 불을 질렀다.

아비규환 속 탈출을 시도했으나 교회를 둘러싼 30여 명의

군·경들이 소총을 난사하여 모두가 현장에서 순국했다.

제암교회 학살 사건은 이렇게 시작되었다.

교회에 가둬 놓고 불질러

당시 33호가 옹기종기 모여 살던 시골 마을인 제암리에서 갑자기 총성이 울리고, 뒤이어 불길이 치솟자 동네 아낙들이 혼비백산해 남정네들이 모여 있는 예배당으로 뛰어왔다. 이 중에는 3대 독자인 강태성 씨의 처도 끼어 있었다. 그러나 일경은 예배당에 있는 남편을 향해 달려가던 이 여인의 머리채를 낚아챈 뒤 그대로 목을 베어 버렸다. 결혼한 지 채 두 달이 안 된 새댁은 이렇게 처참히 죽어갔다.

또 이곳 제암리는 안(安)씨의 집성촌이었던 까닭에 순국 23인 중 절반이 훨씬 넘는 15인의 안씨가 희생되기도 했다.

일본 경찰과 순경들의 학살 만행은 여기서 그치지 않았다. 이들은 제암리에서 5백여m 떨어진 고주리의 천도교인 가정 두 집을 덮쳐 6명을 살해했으며, 마을 집들을 모조리 방화하여 시신과 가축 등이 타는 냄새가 30리 밖에까지 진동했다. 이처럼 잔인하게 마을 사람을 살육한 이유는 ‘같은 해 3월 31일과 4월 5일 발안에서 일어났던 만세운동 사건의 주모자를 색출한다’는 구실이 전부였다.

사건 이틀 후에도 시신이 그대로 방치됐고 당시 일인(日人)들은 사건을 은폐·축소시키려고 온갖 유언비어를 흘려 댔다. 이 중에는 ‘술취한 동네 청년이 교회에 방화했다’는 터무니없는 모

략도 있었다.

다행히도 이 사건은 캐나다 소속 의료선교사인 스코필드 박사에 의해 만천하에 밝혀지게 되었고, 23인의 유해도 수습돼 인근의 공동묘지에 안장할 수 있었다.

63년 만에 발굴된 유해

제암교회에서 순국한 선열들의 유해는 사후 63년이 지난 1982년 9월 21일부터 발굴작업이 시작되었다. 반백년이 넘는 긴 세월 동안 교회는 퇴락했고 주민들 역시 각자 살 길을 찾아 뿔뿔이 흩어진 까닭에 '학살 사건'의 기억은 점차 잊혀져 갔다. 더군다나 6·25 사변 때 각종 자료를 망실하여 제암교회 사건이 '전설'로 끝나 버릴 지경에까지 이르게 됐었으나, 다행히 당시 사건의 목격자요 미망인이었던 전동례 할머니가 생존해 각종 증언과 함께 유해 매장지를 기억해 냄으로써 역사의 단절을 잇게 되었다.

전동례 할머니는 남편의 유해가 묻힌 공동묘지를 잊지 않기 위해 남몰래 매장지를 찾아다니던 중 1980년 3월 25일 제암교회 31대 담임 목사로 부임해 온 강신범 목사를 만나 이 사실을 밝혔고, 강목사는 1982년 9월 4일 문화공보부 관계자들에게 유해 발굴 협조를 당부한 것이 계기가 돼 같은 해 9월 21일부터 첫작업이 시작되었다.

5일간의 작업 기간 동안 유해는 물론 조끼단추, 동전, 주머니칼, 못, 숯까지 발굴해 낸 조사단은 1992년 9월 29일 사후(死後)

▲ 유물전시관에는 당시의 상황을 짐작케 하는 사진과 자료들이 전시돼 있다.

63년 만에 합동장례식을 갖고 순국선열을 위령했다. 이 장례식에는 스물셋의 꽃다운 나이에 남편을 잃었던 전동례 할머니가 유일한 생존자로 참가해 슬픔을 더했다.

일본인이 지어 준 제암교회

경기도 화성군 향남면 제암리 산 16번지에 위치해 있는 제암교회는 기독교 대한감리회 소속으로 되어 있다. 담임은 감신대 선교대학원을 졸업한 강신범 목사이다.

이곳은 겉으로 보기에는 여느 시골 교회의 모습 그대로다. 그러나 현재의 제암교회를 일본인들이 지어 줬다면 어떨까. 한마디로 깜짝 놀랄 일이다. 그 내용은 이렇다.

　1967년 12월 일본인 오야마 레이지(尾山令仁) 목사를 중심으로 '제암교회 소타사건 사죄 위원회'가 발족되었고, 이들은 48년 전 자국인이 저지른 만행을 사죄하고 현금 1천만 원을 모금해 이를 교회 건축 헌금으로 보내 왔다. 그러나 유족들은 일본인의 돈으로 교회를 건축하는 것은 선친에 대한 모독이라고 발끈하여 교회 재건 사업이 난항을 거듭했다.

　결국 수차례의 회합이 진행되는 동안 양측이 타협하여 선열 추모비 등에는 일본인 돈을 쓰지 않는다는 조건 아래 1969년 교회 기공식을 갖고, 1년 5개월 만인 1970년 9월 22일 제암교회와 유족회관 준공식을 갖게 되었다.

　최근 들어 건축한 지 27년이 돼 낡아진 교회를 한국 교인의 손으로 다시 짓자는 여론이 일고 있는 것도 일본인의 흔적을 지워 버리자는 유족과 교인들의 심정이 맞아 떨어진 때문이다.

　현재 교회와 기념관이 맞붙어 있는 이곳에는 기록화 3폭을 비롯해 유해 발굴시 발견된 유품, 보도 기록, 전동례 할머니 증언 등의 기록물이 전시되어 있다. 또 3·1운동 이후 방화 직전의 제암교회 모형이 11:1로 축소돼 있는데, 예배당 한가운데 휘장을 쳐 남·녀 신도가 따로 예배를 보는 남녀칠세부동석(男女七歲不同席)이 참배객들의 눈길을 끈다.

　교회와 기념관 사이 공간에는 3·1운동 순국 기념탑이 서 있는데, 이는 1959년 이승만 대통령이 친필을 내려 세우게 했던 것이다. 그러나 규모가 작다는 이유로 1982년 대형 기념탑을 새로 조성하여 교회 입구에 세우게 되었다.

▲ 23인의 고인을 위해 세워진 순국 기념탑.

23위 영혼 함께 잠들어

제암교회 바로 위 50m 지점에는 3·1운동 순국 23인의 묘가 자리잡고 있다. 원형 봉분을 좌우 날개가 감싸고 있고, 우측에는 묘비가 수호신장처럼 장엄하게 서 있다.

비문은 제암교회를 중심으로 줄기차게 전개됐던 3·1운동의 역사적 배경과 당시의 학살사건, 그리고 가옥 33채에 대한 방화와 외국인 선교사에 의해 유해가 수습되고 공동묘지에 어설프

게 묻혔던 '과거의 역사'를 비장하게 적고 있다.

또 묘비 측면에는 당시 일경과 군에 의해 무참히 학살된 23위의 명단(안정옥·안종린·안종락·안종환·안종후·안경순·안무슨·안진순·안봉순·안유순·안종화·안필순·안명순·안관순·안상용·조경칠·강태성·동부인 김씨·홍원식·동부인 김씨·홍순진·김정헌·김덕용)이 각인돼 있다.

63년 동안이나 봉분도 없이 아무렇게나 방치됐던 순국선열들의 유해가 다시 돌아오고, 일본 기독교인들이 사죄의 행보를 하기 시작하면서 제암교회는 비로소 3·1운동의 순국 성지로 세인들에게 회자되기 시작했다.

1993년 지상 2층(연건평 106평) 규모의 3·1정신 교육관이 들어서고, 1995년 12월 순국선열 23인의 넋을 추모하기 위한 조형물이 들어선 것도 국민적 관심의 표출로 볼 수 있다.

특히 1980년 3월 이곳으로 부임해 온 강신범 목사가 20년 가까이 꾸준히 추진해 온 유적지 정화사업은 순국선열의 한은 물론 유가족과 교회까지 살려내는 놀라운 '기적'을 창출해 냈다.

1905년 8월 5일 안종후 집사의 집에서부터 시작됐던 제암교회. 그 시작은 미흡했지만 지금은 일본 기독교인들의 사죄 행렬이 이어지는 한국의 순교 성지(사적 제 299호)로 탈바꿈됐다.

제암교회 사건은 대부분 기독교인들의 희생으로 기록되고 있다. 더군다나 모든 조사와 발굴 과정에서도 기독교인들 위주로 진행됐고 그 관리도 교회측서 하고 있기 때문이다. 유일한 생존자였던 전동례 할머니도 제암교회 장로로 봉직했다. 따라서 희생사 23인 중 친도교인 등의 숫자는 대개 무시되거나 거론조

차 되지 않는 경향이 없지 않았다는 지적이다.

천도교서 발행한 《동학혁명 1백주년 기념논총》(1994년 刊)에 따르면 제암교회에서 참살당한 주민 중 천도교인이 15명(안정옥·안종엽·안봉순·홍순진·안중환 및 그의 아들 안유순·안무순·김정헌·안명순·안관순·안종린·김덕용·안경순·안상용)이라고 밝히고 있다.

세계 문화유산 된 고인돌

별난 묘지 이야기에서 빼놓을 수 없는 것이 고인돌이다. 우리 나라에서 최고 오래 된 묘지요, 세계에서 가장 많은 수를 갖고 있는 민족 최대의 유산 중 하나이기 때문이다.

북방식·남방식의 다양성과 전국 각지에서 발견되는 고른 분포성, 또 대륙 깊숙이 연결되는 문화의 공통성은 고인돌의 위상을 높여 주기에 충분하다.

수천 년 전, 누가 어떤 사연을 안고 고인돌 밑에 묻혔는지는 알 수가 없다. 아직까지는 수수께끼요 불가사의한 면이 더 많기 때문이다. 그런 까닭에 고인돌은 무덤이라는 어두운 분위기보다 이름처럼 친밀하고 비밀스러워 우리의 관심을 더 끈다. 지석묘·돌무덤이라고 부르지 않고, 굳이 고인돌이라는 이름을 사용하는 것도 이 같은 이심전심(以心傳心) 때문이 아닐까.

시인 김상옥(金相沃)은 돌을 이렇게 노래했다.

밤보다 깊은 어둠을

안으로 닫아 걸고
그 속에 아직 이름 없는
무수한 형상들이
잠자코 있다

여기 언제부터인가
오직 한번 있기만 있고
목숨도 죽음도 없는
차디찬 너 돌이여

고인돌도 밤보다 더 깊은 역사와 세월을 안고 '오직 한번 있기만 한' 자세로 오늘날까지 버티고 있다. 크게 인공(人工)이 가해지지 않은 자세로 말이다. 그러나 길어야 1백 세 남짓 사는 인간들은 여전히 말이 많다. 북방·남방식으로 이름을 갈라 놓더니, 이번엔 제단(祭壇)이니 묘지(墓地)니 하면서 떠들어 댄다. 고인돌을 두고 하는 말이다. 그러나 '차가운 돌은 과거를 안으로 닫아 걸고……' 잠자코 있을 뿐이다.

고인돌은 옛 족장의 무덤

고인돌은 일명 지석묘(支石墓)라고도 불린다. 돌을 받쳐 만든 무덤이라는 뜻이다. 그러나 돌무덤과는 분명 구분이 된다. 현재 우리 나라에서 발견된 고인돌 수는 많게는 10만 개에서 적게는 4만 개로 추정하고 있다. 수치가 크게 차이나는 이유는 지금도 전국 곳곳에서 새 고인돌 군락이 속속 발견되고 있기 때문이다.

또 연구단체들간 집계 차이도 숫자를 벌어지게 하고 있는 요인이 되고 있지만, 분명한 것은 전세계에 산재한 고인돌 중 우리 나라에 그 절반 이상이 분포돼 있다는 것이다. 유네스코위원회가 우리 나라 고인돌을 세계 문화유산 목록에 올리기 위해 조사단을 파견했을 정도니 이는 결코 과장된 수치가 아닌 듯싶다.

전북 고창군의 경우 한반도에서 가장 많은 고인돌이 발견되고 있는데 그 수가 2천여 기를 넘고 있으며, 이 중 죽림리와 아산면 하갑리 일대 야산 기슭은 5백여 기가 밀집되어 있어서 '고인돌 마을'로 불릴 정도다. 고창군 일대에 이처럼 많은 고인돌 유적이 발견되는 이유는 무엇 때문일까.

▲ 전북 고창군에 있는 고인돌군. 이 고인돌은 이제 세계 문화유산이 되었다.

고창은 예로부터 기후가 온난할 뿐더러 산과 강이 조화를 이루고 있어 토지가 비옥해 농사가 잘 되는 곳 중 하나였다. 더군다나 서해바다와 인접해 리아스식 해안선이 잘 발달돼 풍부

한 해산물을 얻을 수 있어, 사람들이 살기에 적합한 환경을 유지하고 있었다. 따라서 사람들이 모여들고 마을이 조성되는 것은 당연한 일이었다. 그러다 보니 이들을 이끄는 족장의 위치가 승격되고, 그 세력이 점차 강화되면서 지배계급으로 정착, 수천 년간 자리를 지켜온 고인돌의 주인공이 됐다는 결론이 나온다.

굄돌을 놓고 그 위에 채석장에서 잘라 온 돌이나 주변에 있는 자연석을 다듬어 옮긴 다음, 굄돌 위에 이를 올려놓는 일은 당시로서는 엄청난 노동력이 요구되는 작업이었을 것이다. 수많은 인원을 동원하고 지시할 수 있다는 것은 곧 강력한 지배권자만이 가능한 일이었기 때문이다.

청동기 시대의 최고 유물

만화가 박수동 씨가 그린 '고인돌'이라는 작품이 세인들의 인기를 끈 적이 있었다. 선사시대의 생활상을 현대적으로 코믹하게 각색한 이 작품에는 돌칼과 돌도끼로 무장한(?) 원시인 가장(家長)이 등장하고, 짐승 가죽으로 중요 부위만 가린 아낙도 등장한다. 청동기 시대도 이와 유사한 생활상이 펼쳐졌을 것으로 보인다. 따라서 당시 이들이 남긴 고인돌은 현대인들이 한강변에 세운 63빌딩을 능가하는 구조물로 보아도 무리가 없을 것이다.

지금까지 고인돌의 축조 과정이 과학적으로 완전히 규명되지 못하고 추측 단계에 머물러 있는 것이 그 증거다. 고창 죽림리

▲ 국내에서 가장 큰 북방식 고인돌. 강화도 부근리에 있다.

고인돌의 경우 매산마을 뒷산 채석장에서 고인돌용 돌을 잘라 해변까지 운반했던 것으로 조사가 되고 있는데, 이 과정도 풀리지 않는 수수께끼로 남아 있다. 돌을 어떻게 잘라 냈으며, 때론 20톤이 넘는 돌을 어떻게 운반할 수 있었느냐는 것이다. 또 기중기도 없는 때에 그 무거운 돌을 어떤 방식으로 굄돌 위에 얹었는지도 여전히 불가사의한 일로 남아 있기는 마찬가지다.

다만 일반적 계산으로 어른이 돌을 통나무 위에 올려놓고 미끄럼 태우듯 끌고 갈 수 있는 무게가 평균 1백킬로그램이라고 가정할 때 20~30톤의 돌을 운반하기 위해서는 적어도 3백여 명의 장정이 동원돼 돌을 운반했을 것으로 추정하고 있다. 또 굄돌 위에 흙을 부어 다진 뒤 이 위로 돌을 옮겨 놓은 다음, 다시 흙을 퍼내는 식으로 고인돌을 올려놓았을 것이란 가정(假

156

定)을 할 뿐이다.

반면 한양대 박물관 유태용 연구원은 지석묘를 만드는 데 필요한 인원수를 산술해 내 학계로부터 비상한 관심을 받기도 했다. 이 연구는 고대 이집트의 사료 중 람세스 4세 때 약 60톤 무게의 석조물을 옮기는 데 90명의 성인 남자가 동원됐다는 내용을 근거로 이루어졌다. 서양 고고학자들의 연구와 실험에서도 열지어 놓은 둥근 통나무 위에 약 1톤의 돌을 올려놓고 옮기는 데는 약 10명의 어른이 필요하다는 계산이 나온 바 있다. 현재 지석묘가 집중적으로 몰려 있는 전북 고창의 경우 남방식 지석묘의 덮개돌은 평균 50~150톤, 길이 5~6미터, 두께 3~4미터 정도이다. 이 중 운곡리 21호 지석묘는 무게가 291톤이나 나간다. 그렇다면 돌 1톤에 10명의 성인이 필요하니, 이를 곱하면 2천9백70명의 인원이 동원된 셈이다.

당시 가구당 5인이 거주하고 있었다면 이 지역엔 최소한 1만5천여 명이 살고 있었다는 얘기가 된다. 그리고 고인돌을 만든 주인공은 적어도 2천9백70명의 인력에게 식량 등 먹거리를 공급할 수 있는 경제력과 통제력을 갖춘 사람이었을 것이라는 게 연구의 대강이다.

그러나 고인돌이 한 방향(바닷가 해변을 따라 서쪽을 향해)으로 조성돼 있는 이유와, 비슷한 시기에 집중적으로 조성된 까닭 등은 여전히 풀리지 않는 수수께끼로 남아 있다.

고인돌의 모양새도 궁금증을 자아내게 하기는 마찬가지다. 굄돌에 따라 북방식과 남방식으로 구분하고는 있지만 남쪽에서 발견되는 북방식 고인돌에 대한 해석이 내려지지 않고 있으며,

▲ 강화 부근리 고인돌 공원에 있는 남방식 고인돌 모습.

고인돌의 형상이 거북의 등을 형상화하고 있다는 일부의 견해
에 대한 이견 폭도 좁히지 못하고 있는 게 현실이다.

세월 따라 움직이는 고인돌

옛 선조들이 족장이나 지배계급의 묘인 고인돌 1기를 조성하
는 데는 짧게는 수개월에서 길게는 1년 이상 걸린 것으로 보고
있다. 또 이들 고인돌은 수천 년 이상 한자리에 붙박이처럼 눌
러앉아 흐르는 세월을 관조하고 있었다. 그러던 것이 근세사에
들면서 하루아침에 수십 리씩 자리를 옮겨 앉거나 아예 고향과
성(姓)이 바뀌기도 한다. 박물관이나 부잣집 정원석으로 들어앉
았기 때문이다.

고인돌이 움직이는 이유는 여기서 그치지 않는다. 개발이라는

158

이유로 도로나 건물의 초석으로 묻히고 댐 공사로 인해 수몰이
되고, 그러다 보니 묘로써 고인돌의 기능은 모두 상실돼 가고
있다. 거석문화의 상징이요, 우리 나라 최고의 석조물인 고인돌
이 움직인다는 것은 곧 우리의 문화유산이 사라지고 있다는 애
기와 상통한다.

반면 고인돌의 움직임(변천 과정)은 학자들 사이에 연구 대상
이 되고 있다. 일본 학자들은 우리 나라의 고인돌이 개석식에
서 출발해 북방식과 남방식으로 발달했다고 추측하지만, 국내
학자들은 대체로 북방식에서 출발해 개석식과 남방식으로 발전
했다고 보고 있다. 그러나 작고한 김원룡 교수(서울대)는 북방
식 고인돌의 무너진 형태가 남방식 지석묘의 등장을 불러 왔다
는 주장을 펼친 바 있고, 일부에서는 벼농사의 전래와 고인돌
의 역사가 비슷하게 발전해 왔다는 입장을 밝히고 있다.

또 고인돌의 기능과 관련해서는 연구 초기에 제단이었다는
설에서부터 주거지라는 견해도 있었으나 결국은 옛 족장의 무
덤이라는 데 합일점이 도출되기도 했다.

몇 년 전 고인돌에 관한 연구 발표에서 한 교수는 고인돌 사
회를 족장사회로 규정한 다음, 이때는 혈연을 바탕으로 어린아
이까지 묻을 수 있는 세습신분제를 띤 계급사회라는 주장을 내
놓았다. 따라서 고인돌은 지배 가족의 공동묘지라는 주장을 폈
다.

반면 주 프랑스 한국문화원의 지전길 원장은 한 지역이나 묘
군에서 나타나는 고인돌의 크기를 피장자의 신분 차이와 관련
해 설명했다. 그는 또 지금까지 고인돌이 소수 지배계급의 무

덤이라는 견해를 반박하고 무리를 짓고 있는 고인돌 군(群)이 기의 흐름이나 산맥의 방향과 관련이 있고, 산세나 수세에 따른 것으로 볼 때 이는 자연숭배 사상과 관계가 있다는 견해를 밝힌 바 있다.

고인돌의 무덤 방향이 물의 흐름과 일치한다는 주장은 또 고인돌 사회가 농경문화를 바탕으로 이루어졌다는 것과도 무관치 않다는 것이다.

이와 관련해 해안지역에 위치한 고인돌의 방향은 주로 같은 지역에 위치한 반도를 향하고 있다는 주장도 있다.

또 학계에서는 우리 나라 고인돌을 세계 문화유산으로 등록시키기 위한 꾸준한 능력을 전개하여 2000년 하반기에 목적을 달성하는 쾌거를 이루기도 했다. 이에 앞서 이들은 1997년 10월 10일 삼한역사문화연구회가 주축이 돼 '고인돌의 나라'에 걸맞게 우리 나라 고인돌의 세계 문화유산 지정 추진을 위한 범국민 운동을 전개해 나갈 것을 대내외에 천명한 바 있다. 또 1998년에는 문화재청의 학술용역을 받은 서울대박물관이 우리 나라 고인돌 유적에 대한 체계적인 조사의 첫 결과물인 《한국 지석묘(고인돌) 유적 종합조사 연구집》을 간행하기도 했다.

움직이는 고인돌. 이제는 학술적 연구 결과에 따라 어떤 방향으로 또 움직이게 될지 더 궁금해진다.

강화도와 화순에도 다량 분포

섬 전체가 자연 역사박물관으로 알려진 강화도에는 80여 기

의 고인돌이 있는 것으로 알려졌으나, 1999년 40여 기가 새로 발견되면서 그 수가 계속 늘어나고 있는 추세이다. 특히 강화 고인돌의 경우는 고려산 능선에서도 발견되어 학계의 주목을 받고 있다.

초등학교 교과서에 실려 있는 키다리 고인돌은 국내에서 가장 큰 북방식 고인돌로 평가받고 있는데, 이 같은 조건 때문에 강화도는 1998년 여름부터 고인돌 축제를 정기적으로 개최해 관광객 유치에 큰 도움을 받고 있다. 원시생활을 직접 체험하고, 고인돌 영화와 고인돌 역사교실 등이 포함돼 있는 이 축제는 어린이들에게 인기도 많을 뿐더러 고인돌을 알리는 데 일조하는 계기가 되고 있다. 강화에서 고인돌을 보기 위해서는 국도 48번을 따라 교동을 거쳐 고인돌휴게소까지 와서 조금 걸으면 된다.

이 일대는 이미 1964년부터 사적지(사적 137호)로 지정돼 보존될 만큼 고인돌로 유명한데, 이곳에 있는 북방식(일명 탁자식) 고인돌은 덮개의 둘레가 7미터가 넘고 넓이도 5미터 50센티에 이른다. 또 지상에 노출된 전체 높이는 2.6미터이고 길이는 약 4.2미터이며 판석은 약 60센티에 이르는 거대한 규모다.

강화도에서는 부근리 외에도 양사면 교산리, 하점면 소동부락, 내가면 오상리와 고천리, 화도면 마니산 일대 등에서도 잘 보존된 고인돌이 발견되고 있다.

전남 화순의 고인돌군 역시 사적 410호로 지정될 만큼 소중한 문화유산으로 자리매김되어 있다. 화순군 도곡면 효산리 모산마을과 춘양면 대신리 지동 일대에는 고인돌 5백여 기가 군

집돼 있다. 대신리 지동마을 뒷산에는 무려 2백 톤이 넘는 남방식 고인돌이 잘 보존되어 있고 이곳에서 얼마 떨어져 있지 않은 곳에서는 채석장 흔적도 보인다. 화순읍에서 29번 국도를 따라 능주까지 가서 각각 도곡면과 춘양면을 들르면 된다.

한편 서울 근교에서는 경기도 광명시 가학동(고인돌 5기), 경기도 포천 수입리에서 고인돌을 찾아볼 수가 있다.

영국의 스톤헨지나 이집트의 피라미드도 우리의 고인돌처럼 거석문화의 한 형태다. 그러나 이 나라에서는 이 거석군을 세계적인 관광상품으로 개발하여 엄청난 외화를 벌어들이고 있다. 세계에서 가장 많은 수를 보유하고 있다는 우리의 고인돌. 이제부터는 옛 족장의 무덤이라는 단순 기능에서 탈피하여 역사의 교육장이자 관광객을 끌어들이는 한국의 대표적 문화상품으로 승화시켜야 할 때가 된 것이다. 고인돌의 세계문화 유산 지정이 이를 잘 증명해 주고 있기 때문이다.

비문 없는 조봉암 묘

서울에 있는 최대의 공동묘지는 망우리 공원묘지다. 1933년 조성된 이 묘지는 총 6백만 평(사용 면적 39만8천 평)에 이르는 넓은 면적에 1만8천7백80기의 무덤(일반 1만7천4백9기, 가족 1천3백71기)을 안치하여 규모나 시설면에서 최고를 자랑한다.

1973년부터는 묘역이 포화 상태에 이르러 새로운 매장이 금지되고 있지만, 이 묘원에는 애국 선열들의 묘소도 즐비하여 1년 내내 참배객의 발길이 끊이지 않고 있다.

그러나 '근심을 잊는다(忘憂)'는 뜻을 지닌 이곳 지명을 무색하게 여전히 해우(解憂)하지 못한 무덤 한 기가 있다. 바로 진보당 사건으로 간첩 혐의를 받고 사형당한 죽산(竹山) 조봉암(曺奉岩)의 묘지이다.

초대 농림부장관과 국회부의장을 지냈고, 제2, 3대 대통령 선거에서 이승만(李承晩)의 정적(政敵)이 될 만큼 국민들의 지지를 받았던 조봉암의 묘소는 망우리 공동묘원 입구에서부터 난 '사색의 길(여기서 말하는 사색은 죽어 가는 얼굴빛이 아닌 사물의 이

▲ 망우리 공원 묘원에 자리하고 있는 조봉암의 묘. 묘비 뒷면에는 글씨가 없다.

　치를 따라 깊이 생각한다는 뜻이리라)' 반환점에 해당하는 위치에 조성되어 있다.

　다시 말하면 묘지공원 시설 관리소측이 애국 인사 및 저명인사 묘지를 별도 관리하기 위해 차례대로 정한 숫자 중 14번에 해당하는 곳이 조봉암의 묘역이다. 13번은 언론인이자 독립운동가인 장덕수(1894~1947)의 묘소이고, 15번은 승려 시인이며 독립운동가였던 만해 한용운(1897~1944)의 묘소가 자리하고 있다. 묘원 입구에서부터 40분 이상 걸어가야 찾을 수 있다.

　죽산의 묘소는 비교적 잘 관리되고 있다. 창녕 조씨 서울동부 종회서 1985년 7월 31일 묘소를 새롭게 단장해 상석과 석등, 비석 등이 깨끗하게 보존되고 있다. 멀리 한강이 내려다보이는 등 전망도 탁 트여 묘소터로는 적격이라는 평이다. 다만 생전

164

에 평화통일론을 주창했던 고인의 뜻을 이해했다면 북쪽 하늘이 보이는 방향에 묘를 썼으면 하는 아쉬움이 남기는 한다.

비문 없는 비석이 묘소 지켜

망우리 공원묘원에 안치된 18,000기의 무덤 중 유일하게 비문이 없는 것은 죽산 조봉암의 묘소다. 물론 비석이 서 있지 않은 무덤은 이를 필요가 없지만, 비석을 장엄하게 세워 놓고도 비문을 적지 않은 것은 유독 죽산의 무덤뿐이라는 것이다.

죽산의 묘를 찾으면 어른 키 한 배 반 정도의 큰 비석이 죽산의 묘소임을 알리고 있다. 그러나 이 비석 뒷면은 돌을 다듬은 흔적만 있지 글씨는 한 자도 보이지 않는다. 생전에 장관과 국회부의장을 지냈고, 대통령 선거에서 2백만 표 이상을 득표하면서 이승만의 정적으로 부각됐던 이력에 비춰 볼 때 의아한 일이 아닐 수가 없다. 왜일까. 이 궁금증을 풀기 위해서는 역사의 수레바퀴를 잠시 거꾸로 돌려야 한다.

죽산이 1959년 이른바 '진보당 사건'으로 간첩 혐의를 받아 사형된 뒤 유족과 창녕 조씨 문중에서는 지금까지 그의 비문 제작을 거부해 왔다. 고인의 명예가 회복될 때까지 유족들 스스로 죽산의 삶을 간첩으로 마감시킬 수 없다는 애틋한 뜻이 담겨 있기 때문이다.

이 과정은 1999년 10월 3일 밤 MBC-TV가 방영한 〈이제는 말할 수 있다(조봉암과 진보당)〉는 프로그램의 시나리오를 잠시 들춰 보는 것이 이해를 빠르게 할 것으로 보인다.

▲ 조봉암의 묘비. 비문 없는 비석이 무언의 항거를 하는 듯하다.

시나리오는 아이러니하게 북한 당국이 우리 나라의 국립묘지처럼 조성한 한 묘역을 소개하는 것으로부터 시작된다.

이 묘역에는 남북한 주요 인사들의 가묘(假墓)가 약 3백 기 정도 모셔져 있는데, 이 중에는 조봉암의 묘소도 포함돼 있다. 남한에서는 공개 추모식도 갖지 못하게 할 때 북한에서는 최고 대우로 묘를 조성해 놓은 것이다.

이어 시나리오는 조봉암의 큰딸인 조호정 씨를 비롯해 오제도·송방용의 인터뷰가 실리고 조봉암 탄생 1백 주년과 사망

166

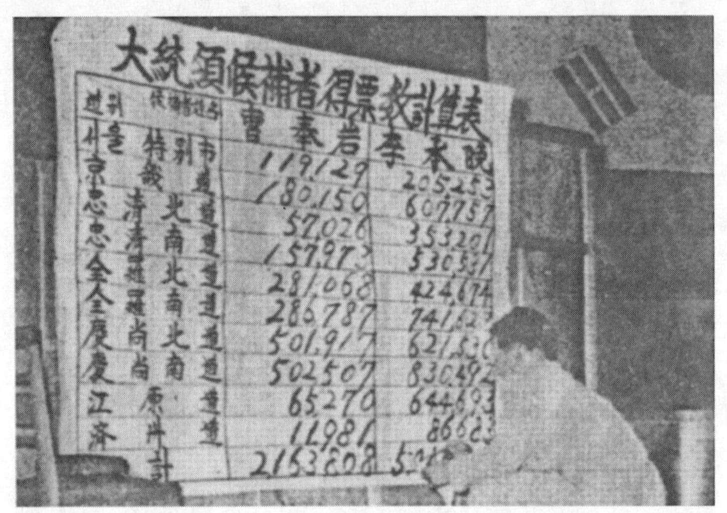

▲ 대통령 선거에서 이승만과 각축을 벌였던 조봉암이지만 형장의 이슬이 되고 말았다.

40주년을 맞아 올리는 추도식 모습이 그려졌다. 조봉암이 농림 장관 시절 해방 이후 최대 과제였던 농지개혁안을 최초로 입안 했던 사실과 이승만·신익희 등과 대통령 선거에서 경합을 벌 이던 일도 나왔다. 시나리오는 또 진보당 시절 경찰의 눈을 피 해 사무실을 얻느라고 고생하는 장면과 북한 간첩으로부터의 자금 수수설 등을 비교적 자세히 다루고 있었다.

결국 시나리오는 간첩 사건이 특무대원의 개입과 일사천리(一 瀉千里)로 속행된 법원의 사형 판결 등에 의혹을 담으며 조봉암 사건을 혼란기의 뼈아픈 질곡으로 조명해 내고 있다.

탄생 백주 맞아 명예 회복 추진

조봉암은 대법원에서 사형 판결을 받은 직후 서울구치소에

면회 온 가족과 진보당 관계자들에게 이렇게 말했다.

"나는 비록 법에 의해 죽음의 몸이 되었다고 하여도 나의 조국 대한민국에 대한 충성은 스스로 의심할 수 없다는 것을 밝힙니다. 내 나이 딱 환갑입니다. 여러분은 나가더라도 내 구명(求命)운동은 절대 하지 마세요. 길 가던 사람도 차에 치여 죽고, 침실에서 자다가 죽는 사람도 있는데 과히 상심하지 마세요."

그리고 이튿날인 1959년 7월 31일 '나에게 죄가 있다면 정치활동을 했다는 것밖에 없소. 마지막으로 술이나 한잔 주시오'라는 말을 남긴 채 그는 형장의 이슬로 사라졌다. 장관을 지냈고, 현역 야당 대통령 후보였던 조봉암이었지만 대법원은 그의 재심 청구도 받아들이지 않았을 뿐더러 '술이나 한잔 달라'는 마지막 청도 거부한 채 서둘러 사형을 집행한 것이다.

당시 그의 죽음을 지켜본 외국 언론들은 정적을 제거하기 위한 사법살인(司法殺人)이라는 표현과 함께 암살과 반대되는 의미의 명살(明殺)이란 용어를 사용하여 사법 당국의 행위를 비난하기도 했다.

이후 조봉암과 진보당은 역사의 한 사건으로 기록됐을 뿐 세인들의 뇌리에서 점점 사라지고 있었다. 그러다가 조봉암 탄생 1백 주년과 사망 40주년이 되는 1999년 3월 기념학술대토론회(3월 25일 국회의사당 의원회관 대회의실)가 열리고, 같은 해 7월 죽산 조봉암 전집이 출간되면서 소위 '명예회복 운동'이 본격화되기 시작한 것이다. 그래서 많은 이들은 새천년 전에 조봉암의 비석에 비문이 새겨질 것으로 기대했으나 아직도 진전이 없기

는 마찬가지다.

특히 조봉암의 사면 복권 운동이 힘을 얻은 것은 비슷한 정치적 궤적을 그려 온 김대중 대통령에 대한 동병상련(同病相憐)의 기대도 한몫 했다. 과거 정권 때 근거 없이 친북 인사로 몰렸던 경험이 있는 김대통령인지라 조봉암의 사정을 누구보다 잘 이해하리라고 판단했기 때문이다. 그러나 지금까지 관련 부서, 특히 법무부의 태도는 냉담한 입장인 것으로 알려지고 있다. 사면 복권이란 선거권·피선거권·공무담임권 등의 자격 제한을 복원시켜 주는 것인데, 사자(死者)에 대해서는 이 같은 조항 적용이 불가능하다는 것이다.

그러나 조씨 문중에서는 '죽산 선생 명예회복 추진위원회(가칭)'를 결성하고 국내외적으로 사면 복권을 위한 서명운동 작업을 벌이고 있으며, 고인의 철학과 사상을 재조명하고 있다. 조봉암 사후 얼마 동안 당국이 허가를 내주지 않아 비석 세우는 일은 물론, 사람이 많이 모이면 폭동이 일어날지 모른다며 추모식까지 막던 것에 비하면 그야말로 격세지감(隔世之感)을 느낀다는 것이 유가족들의 회고다.

반면 조봉암의 통일론과 현 정권의 햇빛정책도 일맥 상통하고 있어 어느때보다 사면 복권 실현 가능성은 높은 편이다. 민주통일연구원의 조민 연구원(정치학)은 '자주·평화·민주를 지향했던 조봉암의 평화통일론은 한국 통일운동의 중요한 축이 됐고 현재의 햇빛론과 맥을 같이하고 있다고 평가한다(동아일보 1999년 3월 19일자)고 밝혔다. 그 첫째 이유는 북한을 정치적 실체로 인정한다는 시각이다. 당시 이승만 정권은 북한을 미수복

지구, 즉 정복의 대상이나 반정부 세력으로만 여겨 정치적 대화의 단절만 초래했었다.

두 번째로 비슷한 점은 무력을 사용하지 않겠다는 의지다. 무력이 아닌 정치적 타협, 즉 협상을 통해서 통일의 문을 열겠다는 점이 서로가 같다. 이 밖에 민주주의 원칙을 중요시하고 자본주의의 부패와 공산주의의 독재를 모두 배격하되 건강한 자본주의를 지향한다는 취지도 맥을 같이하는 대목들이다.

김대통령이 2천년 6월 13일 남북 분단 이후 처음으로 북한을 방문하여 6·15 남북 합의서를 받아낸 것도 북한을 정치적 실체로 인정한 데서 그 돌파구가 열리지 않았는가. 그렇다면 40년 전 죽산 조봉암이 부르짖던 남북평화통일론이 얼마나 앞을 내다본 정책이었는가를 짐작해 볼 수 있는 대목이다.

조봉암과 진보당의 정책

1957년 창당된 진보당은 한국 정치 사상 최초의 사회민주주의 정당이었다. 즉 반자본·반공산의 중도파 노선을 택했으며, 핵심 사상으로 남북평화통일론을 제시하여 이승만 정권의 북진통일론에 정면으로 대응했다.

우리의 당면 과제라는 청사진에서 조봉암은 민족생존권을 지키기 위한 방안으로 미국과 소련·유엔 등과 균형감각 있는 외교를 통한 평화통일론을 내걸었다. 그는 또 극좌·극우를 배제한 민주대연합의 정계개편을 주창했으며, 대중의 수탈이 없는 경제개혁과 민생개혁 등 혁신정책을 내놓았다. 그러나 이러한

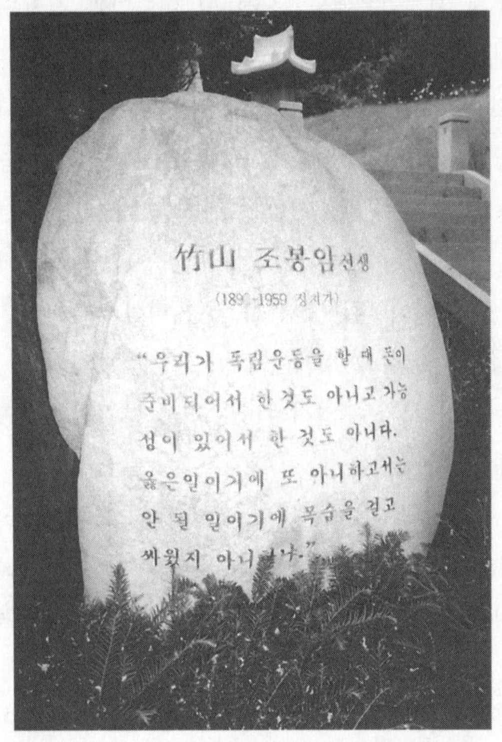

▲ 조봉암이 생전에 했던 웅변은 이제 유언이 되었다.

진보당의 개혁론은 북진통일을 외치는 이승만 정권과 보수세력의 반발로 좌절되었다.

조봉암과 진보당의 궤멸을 계기로 평화통일론 등 통일에 대한 공개적인 논의가 동결됐을 뿐만 아니라 이후 혁신정당의 전통은 싹부터 잘려 나가게 되었다.

1999년 말 《조봉암과 1950년대》(상·하권, 역사비평사 간행)라는 책을 낸 저자 서중석 씨는 '1956년 5·15 정부통령 선거가

극심한 부정 선거였음에도 불구하고 이승만과 접전을 벌일 수 있었던 것은 조봉암의 주체적 대응과 사회의 객관적 변화가 어우러진 것'이라며 '당시 진보당은 자유당과의 차별화된 정책과 남북 긴장의 상대적인 완화, 교육의 확대, 빠른 도시화 등 사회적 변화에도 큰 영향을 주었다'는 분석을 내놓고 있다.

비명(碑名)은 있되 비문(碑文)이 없는 비석.

당명(黨名)은 있되 그 실체가 없어진 당(黨).

정치가이자 애국자로 알려져 있으면서도 간첩의 누명을 쓰고 눈을 감은 자.

모두가 죽산 조봉암과 관련된 서글픈 역사들이다. 역사의 수레바퀴를 거꾸로 돌려 본들 죽은 자까지 살릴 수야 없겠지만, 잘못된 것이 발견되면 산 자들이 고쳐 나가야 하는 게 도리가 아닐까.

'이 나라의 장관까지 지냈고 대통령 선거에 출마하면서 이 민족과 나라를 새롭게 일으켜 세우려고 오매불망(寤寐不忘)했던 내가 간첩이라니.'

망우리 조봉암의 묘소 앞에 가면 고인의 절규하는 목소리가 들린다. 정말 꼭 그런 소리가 들리는 것 같다. 봉건왕조 시대에도 억울한 누명을 쓰고 죽은 이는 사후에 신원(伸寃)해 주는 것이 산 자들의 몫이었다. 그러나 민주주의 시대인 오늘날에 사실 여부에 대한 정확한 진상 조사도 이뤄지지 않고 있다면 그 원한(怨恨)을 누가 감당할 것인가 묻고 싶다.

조봉암은 누구인가

▲ 생전의 조봉암 모습.

죽산 조봉암은 1899년 강화도에서 출생했다. 그는 청년 시절 국내와 중국 상하이(上海)에서 조선공산당의 중추적 인물로 활약하며 독립운동을 벌였다.

1932년부터는 일본 경찰에 체포되어 수차례 옥고를 치르기도 했으며, 8·15 광복도 헌병사령부 유치장에서 맞았다. 광복 후인 1946년에는 박헌영(朴憲永)에게 보내는 서신 '존경하는 박헌영 동무에게'를 통해 공산당과 정식으로 결별하고, 이승만 단독정부에 참여함으로써 노선을 전환한다. 1948년에는 5·10선거에 인천에서 출마해 당선된 뒤 초대 농림부장관과 국회부의장을 지내기도 했다.

1952년 제2대 대통령 선거에 출마하여 전체 유효표의 11.45%를 획득했으며, 1956년 제3대 대통령 선거에서는 30%를 득표함으로써 이승만의 정적으로 급부상하는 계기가 되었다. 이후 조

봉암이 창당한 진보당의 세력이 점차 커지자 위협을 느낀 이승만 정권은 1958년 조봉암을 비롯해 간부 전원을 전격 구속했다. 이유는 진보당이 주창하는 평화통일론이 국시(國是)에 위배된다는 것이었다.

조봉암은 1심에서 징역 5년이 선고됐었으나 1959년 2월 대법원의 최종 판결로 사형이 확정됐다. 이때 평화통일론은 무죄가 된 반면 간첩 양명산으로부터 북한의 공작금을 받았다는 간첩죄가 적용됐다. 조봉암과 주위 사람들은 터무니없는 일이라고 주장했으나 재심 청구도 받아들여지지 않은 채 조봉암은 그해 7월 31일 사형이 집행되었다.

현재 유족으로는 큰딸 호정세 씨가 서울 종로구 부암동에 살고 있다.

반려 동물 묘지

　과거에 사람이 죽으면 염(殮)을 하고 관(棺)에 넣어 상여로 묘지까지 옮기는 것이 장례 순서였다. 지금은 상여 대신 운구차가 동원되고, 매장(埋葬)보다는 화장(火葬)이 보편화되고 있다는 게 약간의 차이점이라고 할 수 있다.

　그렇다면 반려동물(伴侶動物 함께 사는 애완동물)이 죽으면 어떻게 할까. 옛날에는 작은 동물이면 묻어 주기도 했지만, 대개는 식용으로 처리(?)하는 게 보통이었다. 먹을 것, 특히 단백질이 부족했던 때라 어쩌면 당연한 일로 여겨졌다. 그러나 지금은 아니다. 죽은 동물을 먹기는커녕 사람 이상으로 장례식을 치러 주는가 하면, 공원묘지 납골당에 그 뼈를 보관하고, 죽은 날짜를 기억해 꼬박꼬박 제사를 지내 주기도 한다. 반려동물이 하나의 인격체로까지 승화되고 있는 것이다.

　몇 년 간 애지중지 기르던 개가 죽었다. 아이들은 학교 갈 생각도 않고 울부짖고, 이를 본 부모 역시 일손을 놓고 망연자실(茫然自失)한 표정이다. 이때 큰딸이 어느 곳인가에 전화를 하자

얼마 뒤 수의사가 장의차를 몰고 왔다.

이들은 능숙한 솜씨로 거실 바닥에 뉘어 놓은 개의 사체를 이리저리 돌려 가며 알코올로 닦더니 수의를 입히고, 수의 목도리까지 채워 천연목 관에 안치했다. 그리고는 뒤따라 온 수입 최고급 차인 리무진 승용차에 관을 싣고 떠난다. 정신없이 뒤따라 나선 가족들이 한 시간 뒤쯤 당도한 곳은 서울 근교에 있는 반려동물 전문 화장터였다. 이들이 슬픔을 달래고 있는 동안 화로(火爐)에 들어간 관은 흔적도 없이 사라지고 대신 한 줌의 흰 뼛가루를 담은 항아리와 이를 넣을 수 있도록 만든 오동나무통이 가족들에게 인계되었다.

가족 중 개를 가장 좋아했던 막내가 유골 항아리를 받아 안내인을 따라 찾아간 곳은 부근에 마련된 납골당이다. 이곳에 유골 항아리를 안치한 뒤 번호표를 받아 나옴으로써 비로소 개 장례식이 마무리되었다. 이제 위령탑이 세워지면 그곳에 개 이름을 새겨 주면 모든 절차는 끝이 나는 셈이다.

정신없이 치른 개 장례식이지만 들어간 비용이 만만찮았다. 우선 안동포로 짠 최고급 개 수의가 30만 원, 인조모로 만든 수의용 목도리가 10만 원, 리무진 승용차 대절비가 수십만 원(거리에 따라 비용이 달라짐), 화장 비용(고급형) 40만 원, 유골함(오동나무) 2만 원, 유골단지 3만 원, 개 묘비, 납골당 안치비 및 연간 관리비에 가족들 식비와 교통비를 합치니 그 비용이 1~2백만 원이나 된다. 웬만한 성인 장례식 비용과 맞먹는 액수다. 그러나 더 놀라운 것은 위의 내용이 꾸민 것이 아닌 실제 상황이라는 것이다.

사실 개 껌에 개 과자, 개 샴푸 등은 이미 일반 가정에도 많이 보급돼 있는 것들이라 새삼스러울 것도 없고, 개 미장원, 개 호텔 비용으로 하루에 몇십만 원씩 쓴다는 이야기도 종종 듣던 터라 개 장례식에 1~2백만 원 정도 쓰는 것은 어쩜 별것 아닌 일일지도 모른다. 정작 보통 사람들을 놀라게 하는 것은 모든 의식을 끝낸 뒤에도 천국에 간(?) 반려동물을 위해 날마다 편지를 띄운다는 것이다. 이 편지는 개 장의소에서 운영하는 컴퓨터상의 사이버 묘지에 올리는 것인데, 그 내용이 부모나 자식을 잃은 것과 별 차이가 없다. 다음은 그 내용 중 하나다.

이쁜 귀남아 잘 있지

누나가 얼마 안 있으면 일본에 가잖아. 그래서 친구들이랑 저녁을 먹었단다. 그러느라고 어제 귀남이를 보러 가지 못했어.

어제 소영이 누나를 만났는데 누나가 너무 슬퍼하더라. 누나네도 다슬이라고 강아지가 있거든. 엄마가 너무 외로워하시겠다면서 널 대신해서 엄마 뵈러 온다고도 했어. 소영이 누나도 귀남이가 우리 곁을 떠난 게 너무 슬픈가 봐.

참 귀남아, 우리 집 어제 컴퓨터 바꿨어. 그래서 배경 화면에 너의 사진을 크게 깔아 놨단다. 컴퓨터를 켜면 니가 우리를 쳐다보고 있어. 얼마나 이쁜지. 그리구 지영이 누나 책상에서 너의 큰 사진이 나왔단다. 엄마를 쳐다보고 있는, 고개가 약 15도 정도 갸우뚱하고 있는 사진이야. 얼굴이랑 몸 전체가 대체적으로 크게 나와서 정말 너를 보고 있는 듯해. 그걸 찾았을 때 엄마랑 내가 얼마나 기뻐했는지.

마루에 있는 큰 솥에 꽃이랑 너의 사진이랑 세워 뒀는데 거기다가 그 사진을 또 추가했어.

너무 이쁘더라. 잘 지내고 있는 거지. 항상 우리 가족을 지켜보고 있을 거라 누나는 생각해. 그리고 누나가 일본 가면 거기두 지켜 줘야 돼 알겠지?

귀남이가 항상 옆에 있다고 생각하니까 마음이 참 든든하다. 귀남이도 우리 가족이 옆에서 지켜 주고 있다고 생각하고. 아프지 말고 잘 지내야 돼 알겠지? 귀남이가 있는 고수부지에는 사람들이 많이 오잖니. 그러니깐 외롭지 않을 거야. 날씨도 좋아서 우리 가족들도 너에게 가서 한참을 앉아 있다가 오곤 한단다. 물론 이따도 갈 거구. 그럼 이따 보자 이쁜 귀남아.

글쓴이 큰누나

2000년 6월 14일

죽은 개를 위해 애절하게 써내려간 편지에도 불구하고 보신탕 문화가 성행하고, '오뉴월 개 패듯 한다', '개 같은 인생', '멍첨지' 등 개를 빗댄 비하의 말들이 성행하고 있는 우리 정서상 호화 개 장례식을 지켜보는 보통 사람들의 시각은 어떨까. 그것이 궁금하다.

동물 무덤 역사 깊어

필자도 어려서 개를 키워 본 적이 있다. 소위 똥개(?) 혈통인 누렁이였다. 그러나 혈통답지 않게 얼마나 영악한지 온 집안 식구들의 귀여움을 받았다. 별도 달도 없는 구름 긴 한밤중에

도 주인의 발소리를 알아듣고 동구밖까지 마중나와 주던 일,
그리고 주인이 시장에 가는 것과 논이나 밭일을 나가는 것까지
구분해 뒤따라오다 되돌아가는 지혜가 웬만한 사람보다 나을
정도였다.

　그런 누렁이가 쥐약을 먹고 비틀거리는 쥐를 잡아 먹은 뒤
마루 밑에서 며칠을 앓다가 죽은 것이다. 어린 마음에 얼마나
울었던지. 동생과 함께 그 누렁이를 뒷산 양지쪽에 묻어 주던
기억이 아직도 생생하다. 그렇지만 이런 묘는 별난 묘지 이야
기가 될 수 없다. 개인적 혹은 가족적 이야기 소재는 될지 모
르지만 말이다.

　우리 나라에서 대표적인 개 무덤은 전북에 있다. 임실에서 전
해 오는 이야기는 다음과 같다.

　김개인이라는 사람이 개 한 마리를 기르고 있었다. 하루는 이
웃마을의 잔칫집에 갔다가 밤늦게 돌아오던 중 술김에 그만 둑
에서 잠이 들고 말았다. 그런데 입에 물고 있던 담뱃불이 떨어
져 잔디에 불이 붙었다. 이를 본 개가 주인을 깨우기 위해 큰
소리로 짖고 흔들어 봤지만 깊게 잠든 주인은 꿈쩍도 하지 않
았다.

　불길이 거세지자 개는 하천물에 뛰어들어 온몸에 물을 적셔
와 주인의 주변에 뿌리기 시작했다. 이튿날 새벽에 주인이 잠
에서 깨어 보니 잔디가 다 타 있고,　개도 검게 그을린 채 죽
어 있었다. 그때서야 상황을　판단한 주인은 개의 충성심에 감
동해 크게 통곡했다. 그는 집으로 돌아오자마자 개의 무덤을

만들어 준 뒤 비석까지 세워 줬다는 내용이다. 이 비석은 오늘날 새롭게 세워져 관광객들의 눈길을 끌고 있다.

충남 예산군 광시면 마사리라는 작은 마을에는 장수묘로 불리는 묘지가 있다.

이 묘의 주인은 박홍(朴泓) 장군으로 알려지고 있는데, 임진왜란 당시 경상좌수사로 있으면서 임진란 때 평산전투에서 승리를 거두며 유명해진 장수다. 그러나 박홍 장군은 전쟁터에서 전사하고 말았는데, 이때 그의 애마(愛馬)가 박장군의 시신을 입에 물고 적진을 탈출해 와 수습할 수 있었다.

이후 말이 죽자 사람들은 박장군의 시신을 묻은 묘소 옆에 말의 무덤도 만들어 준 뒤 그 충성심을 지금까지도 기리고 있다.

이 같은 기록은 우리 나라 전역에서 많이 채집되고 있다. 동물과 함께 생활하다 보니 자연스럽게 나타나는 현상으로 보인다. 그러나 최근 들어 건립된 동물을 위한 공동묘지와 위령탑은 전설 같은 감동보다는 가슴 찡한 안쓰러움이 넘쳐나 보는 이들의 가슴을 여미게 한다.

인간 위해 죽은 동물 위령비

순전히 인간을 위해 죽어가는 동물은 한 해에 수천만 마리가 넘는다. 식용 혹은 연구용이라는 명목 아래 희생당하는 동물 숫자는 매년 그 수가 증가하고 있다.

오로지 인간의 식욕을 위해 목숨을 내놓아야 하는 동물들의 억울함. 그리고 실험용으로 살육되고 있는 숱한 생명들. 이들에게도 영혼이 있다면 그 죄값은 누가 받게 될지. 지금까지는 무심코 지내온 일들이지만 어느날 깊게 생각해 보면 소름이 끼치지 않을 수 없다. 아마 동물에게 원혼이 있다면 그 숫자는 인간 개인당 수천 마리씩 달라붙을 수 있기 때문이다.

그래서일까. 최근 들어 억울하게 죽은 동물을 위한 위령탑이 곳곳에 세워지고 있다. 또 해마다 위령제를 정기적으로 지내는 단체도 늘고 있다. 이들이 동물들에게 들려 주는 말은 한결같이 '다시 태어나는 세상은 천국에서 누려다오. 고마운 넋들이여'라는 위령문이다.

서울 은평구 불광동 식품의약품안전청 안에는 우리 나라에서 가장 오래 된 동물 위령비가 있다. 일제 때인 1929년에 세워진 것으로 추정되는 이 비석은 높이 1미터, 가로 0.4미터에 이른다. 매년 11월 초가 되면 의약품안전청장 이하 전직원들이 참석한 가운데 의약품 실험으로 희생당한 동물을 위한 위령제가 엄숙하게 진행된다.

이곳에서는 1년에 약 5~6만 마리의 기니피그(모르모트)·마우스(생쥐)·래트·토끼·햄스터 등이 생체 실험되며, 이들 대부분은 이곳에서 살아 나가지 못한다. 거개가 화장(소각)되고 이때 남은 뼈를 위령탑 아래에 묻어 주게 된다.

서울 강남구 일원동에 있는 삼성생명과학연구소 앞뜰에도 실험동물위령비가 세워져 있다. 1997년 6월 17일 연구소와 함께

건립된 위령비는 타원형의 비석에 쥐·토끼·고양이·개·돼지·래트 등 6종류의 동물들이 양각돼 있다.

이곳에서도 연 4만여 마리의 각종 실험 동물들이 희생되어 묻히고 있다. 대전에 있는 한국과학기술연구소(KIST)도 1994년 동물위령비를 건립하고 매년 12월이 되면 위령제를 지내고 있는데, 이때는 동물들이 생전에 즐겨 먹던 음식, 즉 당근·고구마·과일 등을 젯상(?)에 올려놓기도 한다.

반면 서울 가락동 농수산물센터 한 귀퉁이에 있는 비석은 성격이 약간 다르다. 이름 역시 동물 위령비가 아닌 축혼비(畜魂碑)로 되어 있다. 축협중앙회 서울공판장에서는 현재 하루 평균 소 3백 마리, 돼지 2천 마리가 도살돼 판매되고 있는데, 이들의 영혼을 달래기 위해 축혼비를 건립하고 매년 공판장 개장일인 6월 25일에 위령제를 올리고 있다. 이 같은 축혼비는 축협 고령 공판장에도 건립되어 있다.

용인 애버랜드 동물원은 1992년 홍학 쇼장 맞은편에 높이 1.4미터, 폭 2미터짜리 동물 위령비를 세웠다. 동물들 형상을 양각한 타원형의 동물 위령비에는 '인류에게 봉사하고 사랑받아 온 동물들의 죽음을 애도하며, 이제 그들은 태어난 대지로 다시 돌려보내지니 대지의 숨결이 그들의 영혼을 위로하리라'는 내용의 비문이 적혀 있다.

용인 애버랜드에 앞서 서울대공원도 포식용 동물들에게 식용으로 제공된 토끼와 닭 등을 위한 위령탑을 건립(높이 1.7미터, 가로 0.6미터)하고 매년 5월 1일 제사를 지내주고 있다. 이때는 동물부장이 직접 제주로 나와 제문을 봉독하는데 그 내용이 사

뭇 눈시울을 뜨겁게 한다.

"살고자 하는 성정은 본시 하나이거늘 어찌타 그 생명 귀하지 아니하리. 때에 임하여 이 한 몸 던져 동류(同類)를 보존하니 인(仁)이 아니랴. 사람을 원망치 않고 하늘 뜻에 따르니 성스럽구나."

사이버 동물 묘지도 등장

1999년 중반기에는 죽은 동물의 명복을 비는 사이버 동물 묘지까지 등장하여 많은 이들의 관심을 끌었다. 펫헤븐(www.pet-heaven.to)이란 이름으로 서비스를 시작한 이 사이트는 개설 3개월 만에 250여 마리의 동물이 등록했고, 방문객 수만도 6천 명을 넘어서 폭발적인 인기를 끌었다. 이 사이트가 이처럼 인기를 끌 수 있었던 것은 애완동물 애호가가 2백만 명에 이르고 그 숫자 역시 점점 증가 추세에 있기 때문이다. 그러나 사이버 묘지는 젊은이들 사이에 인기가 있지만, 기성세대에게는 아직 정(情) 붙이기에는 어색한 공간이 되고 있다.

'사이버'라는 단어에 익숙하지 못한 면도 있지만, 동물은 곧 짐승이라는 등식과 이를 공식화(?)할 경우 '육식(肉食)'으로 이해되는 측면이 있기 때문이다. 또 한편으로는 사람 묻힐 땅도 좁아지는 마당에 웬 동물 묘지냐는 반론도 무시할 수 없는 요인이기도 하다. 또 동물 묘지는 일부 호사가들의 극성스런 행동으로 치부되기도 한다.

경기도 의정부 금오동에서 낚싯가게를 하고 있는 김모 씨는 가게 옆에 붕어묘를 만들어 놓고 수시로 둘러보는 사람이다.

▲ 대형 붕어를 장사지내고 만든 무덤.

2000년 5월 한탄강에서 잡은(강가에서 주웠다는 소문도 있다) 61센티미터에 이르는 대형 붕어를 용왕의 딸로 믿고 무덤을 만들어 준 것이다. 한 달 뒤 치른 장례식에는 주위 사람들을 다수 초청하여 비디오에 담아 모 방송국에까지 필름을 넘겨 '붕어 장례식'이 전국으로 중계되는 헤프닝까지 있었다. 김씨는 자신의 가게 옆에 마련한 붕어 무덤에 '용녀(龍女) 여기 잠들다'라는 내용을 적은 비목(푯말)까지 세워 놓았다. 더군다나 매년 제사도 챙겨 줄 예정이라는 김씨의 말에는 아연실색할 정도다.

아직 우리 사회에서 낯설기만 한 동물 묘지지만 2천년 들어 그 추세는 상상을 초월할 만큼 급속히 우리 사회에 퍼지고 있음을 실감케 하는 대목들이다.

184

기로의 상징 고려장 터

충과 효, 그리고 예를 최고의 덕목으로 여겨 온 동방예의지국에서 있을 수 없는 일 중 하나가 바로 고려장(高麗葬)이다.

'늙어 힘이 없는(쓸모가 없게 된?)' 노인을 산속에 내다 버린다는 고려장의 풍습은 노인을 공경하는 우리 나라 정서와는 사뭇 다른 것이어서 '전설'이거나 꾸며낸 이야기라는 것이 설득력을 얻고 있다. 그러나 전국 곳곳에서 채집되고 발견되는 고려장 이야기와 고려장 터는 어떻게 설명할 것인가는 여전히 '전설' 같은 이야기를 '사실'로 받아들이게 하고 있다.

기로(棄老;노인을 버림)의 상징이 된 고려장 터, 그곳에서 흘러 나오는 바람 소리가 노인의 가래 끓는 기침처럼 들리는 까닭은 또 어인 일인가.

현존하는 고려장 터

강화도 양도면 인상리 퇴모산(339미터) 중턱에 올라가 보면 경기 기념물 141호라고 표기된 안내판이 눈길을 끈다. 그런데 이 기념물(?)이 바로 고려장 터여서 보는 이로 하여금 씁쓸한 미

소를 떠올리게 한다. 기념물이 아닌 흉물이라는 표현이 더 어울릴 것 같은 이 조형물은 반지하식으로 구성돼 있는데, 비교적 보존 상태도 양호한 편이다.

자연석과 화석을 이용하여 긴 네모꼴로 만든 이 무덤의 석실은 길이 30cm, 너비 190cm, 높이 145cm로 돼 있으며, 주위에는 어른 머리 크기만한 돌들이 흩어져 있는 상태다. 경사면을 따라 3단으로 축조된 이 고려장은 동·서·북 3면에 각기 다른 자연석을 이용해 면을 맞추어 5단서 7단 정도를 쌓아 올린 뒤 돌 뚜껑을 덮어 놓은 상태로 되어 있다.

또 입구 양쪽에는 화강암을 다듬어 문주석(門柱石)을 세우고, 그 바깥은 커다란 판석을 세워 마감한 것으로 보인다. 이 밖에 석실 천장의 뚜껑들은 커다란 자연판석을 약간 가공하여 만들었고, 바닥에는 머리 크기만한 돌을 평평하게 쌓은 뒤 시신 받침용으로 활용했던 것으로 보인다. 내부는 이미 도굴된 상태로 발견된 터라 다른 유물은 나오지 않았지만 주변 흔적과 지역 주민의 구전 등을 종합해 볼 때 이곳이 고려장 터였음이 확실하다는 것이 중론이다.

충청남도 예산군 대흥면에 있는 봉수산(484미터, 일명 대흥산)은 서해안 일대에서 비교적 높은 축에 든다. 후백제 부흥운동을 꾀했던 흑치상지가 마지막 전투를 벌였던 임존성이 있고, 각종 전설이 깃든 바위도 많아 유명세를 더하는 산이다. 그런데 이 산기슭에는 고려장 터가 1천여 기가 있었다는 주장이 제기되고 있다.

예산에서 발행된 《군지(郡誌)》나 《향토지》에도 고려장 터

▲ 충남 예산군 대흥면 봉수산에 있는 고려장 터.

흔적이 아직도 많이 남아 있다고 기록할 정도다. 봉수산이 서해안 일대에서는 산세가 험하고 높은 산에 속해 그 가능성을 높여 주고 있다. 그러나 고려장 터는 전국 곳곳에서 발견되고 있고, 또 고려장 터 자체가 큰 구조물이 아니었던 만큼 그 터로 짐작되는 흔적은 전국적으로 많이 발견되고 있다.

늙기도 섧거늘…

불교 전래 설화에는 '기로국(棄老國)' 이야기가 나온다.

부모가 늙으면 멀리 내다 버리는 풍습을 가진 기로국이라는 나라가 있었다. 그런데 어느날 기로국 왕이 이웃나라 왕과 서로의 왕관을 걸고 내기를 하게 되었다. 문제는 양쪽 끝의 굵기가 똑같은 나무토막 중 어느 쪽이 가지 쪽이고 어느 쪽이 뿌리

▲ 강화도 퇴모산 중턱에 있는 고려장 터의 모습.

쪽인가를 맞추는 것이었고, 두 번째는 크기가 같은 말 두 마리가 풀을 뜯고 있는데 어느 쪽이 어미이고 어느 쪽이 새끼인가를 알아맞히는 내기였다.

그러나 기로국에서는 이 문제를 알아맞히는 이가 한 명도 없었다. 왕이 근심에 쌓여 어쩔 줄 모르고 있을 때, 한 신하가 입궐하더니 이렇게 아뢰는 것이었다.

"왕이시여, 나무토막을 물에 띄우면 가라앉는 쪽이 뿌리 쪽이 될 것이며, 외양상 똑같은 말일지라도 풀을 먹지 않고 자꾸 상대편 쪽으로 밀어 주는 게 어미 말이 틀림이 없으니 그리 이르시면 이번 내기에서 반드시 이길 것이옵니다."

신하의 지혜에 감복한 왕이 큰 상을 내리려 하자 의외로 신하는 두 무릎을 꿇고 왕께 사죄하는 것이었다.

▲ 퇴모산에는 고려장 터 흔적이 적지 않다.

"소인이 불충하여 늙은 아비를 버리지 못하고 지하에 숨겨 지내던 중, 이번에 왕이 내리신 어려운 문제를 말씀드렸더니 그 답을 듣게 되었나이다. 하오니 어명을 어긴 죄를 벌하여 주옵소서."

이 이야기를 들은 왕은 한동안 생각에 잠기는 듯하더니 큰 소리로 다시 어명을 내렸다.

"오늘 이후로 기로법은 모두 폐지시킬 것이며, 이미 버려진 노인들도 다시 모셔와 효성을 다하라."

이로부터 기로법이 폐지됐고 대신 노인 공경 효도법이 생겨났다고 한다.

사실 늙기도 섧거늘 냉대와 핍박까지 받아서야 되겠는가. 그러나 유목과 농경생활에서 노동력을 상실한 노인은 집단 따돌

림의 1호가 됐던 것은 분명하다. 특히 정착하지 않고 떠돌이 생활을 해야 했던 유목민은 거동이 불편한 노인 때문에 적기 (適期)에 이주를 하지 못할 경우, 집단의 생존 여부와도 관계되는 까닭에 기로현상이 두드러졌던 것으로 보인다.

이 같은 현상은 오늘날에도 종종 되풀이되고 있다. 가령 중풍에 걸려 거동이 불편한 아버지를 여행시켜 드린다며 먼 지방으로 유인하여 여인숙에 버려 두고 도망치는 자식이 그렇고, 늙은 부모를 골방에 가두다시피 해놓고 먹는 것도 제대로 챙겨 드리지 않아 영양실조로 병들어 죽게 하는 것도 현대판 기로가 아니겠는가.

그래서 한 시인은 늙음의 설움을 이렇게 노래하고 있다.

낙양에 도리화(桃李花)가 하동하동 지는 봄날
고운 제 얼굴이 스스로도 아까운지
낙화를 바라보며 한숨짓는 처녀여

올해에 꽃이 지면 얼굴 더욱 늙으리라
내년에 피는 꽃은 그 누가 보려는가
상전(桑田)도 벽해(碧海) 된다는 그것 정녕 옳은 말

옛사람 그 누가가 오늘에 살아 있나
이젯 사람들만 낙화를 아끼나니
해마다 꽃은 같아도 절로 다른 사람들

어여쁜 젊은이들 젊음을 자랑 마라

늙고 병들어서 죽어가는 나에게도
예전에 당신들같이 볼이 고운 한때가…

비단옷 몸에 감고 벗들과 떼를 지어
못가에 다락 위에 춤추며 놀던 그날
늙어서도 돌이켜보니 꿈만 같이 여겨져

젊음은 금시 가고 이 어인 흰 머리뇨
옛사람 놀던 곳을 두루 찾아 바라보라
황혼에 새들만 날아 슬피 울고 있다

劉延芝(代非白頭翁 중에서)

생로병사(生老病死)야 어쩔 수 없는 운명이라고 할 수 있지만, 나를 낳아 주고 길러 주신 늙은 부모를 버린다는(기로) 것은 가장 나쁜 패륜 행위에 해당된다.

'젊었을 때는 천사요, 늙으면 악마'라고 말한 D. 에라스무스 격언이 우리를 슬프게 하는 이유도 고려장을 연상케 하는 대목이기 때문이 아닐까.

전국서 채집되는 고려장 전설들

1) 한라산의 고려장

옛날 제주도에서는 사람이 죽으면 그 시신을 땅에 묻는 법이 별로 없었다. 70세 이전에 죽게 되면 바닷가나 개천 같은 곳에 그대로 던져 버렸다. 그러나 70세가 넘은 노인은 신선이 될 사

람이라고 믿었다. 그래서 70세가 넘은 부모를 모시고 있는 아들은 그해 생일에 여러 가지 음식을 챙겨 어버이를 한라산으로 모셔가 정상에 두고 내려왔다. 그러면 어버이는 신선으로 변해 하늘로 올라간다고 믿었던 것이다.

이 같은 풍속은 조선조까지 계속됐는데, 세종 때 기건목사(奇虔牧使)가 부임해 이곳을 다스릴 때의 일이었다.

하루는 이방(吏房)이 목사에게 아뢰었다.

"내일은 저의 아버님이 신선이 돼 하늘로 올라가시는 날인지라 일을 볼 수가 없사옵니다. 널리 헤아려 주시옵소서."

그러자 목사가 의아한 표정으로 물었다.

"어찌 사람이 신선이 될 수 있다는 말인가?"

이방은 제주 풍습을 잘 모르는 새 목사에게 자초지종을 아뢰었다.

이야기를 자세히 듣고 난 제주목사는 무엇인가 한참을 생각하더니 입을 열었다.

"음, 그렇다면 내 옥황상제님께 편지를 한 장 써 보낼 터이니, 아버님께서 전달해 주시도록 부탁해도 되겠는가?"

"예, 그야 어렵지 않습니다."

목사는 곧 한지에 몇 자를 적어 이방에게 넘겨주며 아버지께 꼭 전달해 옥황상제님이 받아 보실 수 있도록 해달라고 당부했다.

이튿날 이방은 예정대로 아버지를 모시고 한라산 꼭대기에 올라가 홀로 남겨 둔 채 내려왔다. 물론 목사가 전해 준 편지는 아버지 품속에 넣어 두고 내려왔다.

이방이 등청하자 목사는 기다렸다는 듯이 물었다.

"편지는 잘 전해 드리도록 아버님 품속에 넣어 드렸는가?"

"그야 여부가 있겠습니까. 분부대로 시행했나이다."

"그래, 그렇다면 이번엔 나와 함께 한라산 정상으로 올라가 보세. 아버님께서 신선이 돼 잘 올라가셨는지 확인도 해볼 겸 말일세."

두 사람이 땀을 뻘뻘 흘리면서 산 정상에 오르자 이방이 아버님을 두고 왔다는 자리에는 커다란 뱀 한 마리가 죽어 있었다. 목사는 그 뱀을 잡아 배를 가르도록 명했다. 이방이 시키는 대로 하자 뱀의 배 안에서 아버지의 시신이 나왔다.

"이방, 잘 보게. 내가 옥황상제님께 보냈다는 편지는 바로 독약을 담은 봉투였다네. 그래서 자네 아버지를 잡아먹은 뱀이 죽은 걸세. 이래도 신선이 된다는 말을 믿을 텐가?"

이후부터 제주도에서는 70이 넘은 노인을 한라산에 버리는 풍속이 없어졌고, 시신도 잘 매장하게 됐다고 한다.

2) 울릉도의 고려장

이 섬에 효성이 지극한 아들이 살고 있었다. 그런데 이 아들에게는 고려장을 해야 할 일흔 살이 된 어머니가 계셨다. 아들은 이래저래 마음 고생을 하다가 국법에 따라 어머니를 산속에 버리기로 마음을 먹었다. 그러나 차마 어머니를 고려장한다는 말을 꺼낼 수가 없었다.

"어머니, 오늘은 날씨도 좋고 해서 함께 놀러 갈까 하는데요."

"어디로 갈 건데?"

"글쎄요, 저 산속에 넓은 바위가 있던데요."

아들의 말이 끝나기가 무섭게 어머니는 쾌히 승낙을 한 뒤 등에 업히는 것이었다. 어머니를 등에 업은 아들의 심정은 찢어질 듯 괴로웠다. 그러나 내색하지 않고 어머니를 업은 채 깊은 산속으로 계속 걸어 들어갔다.

한나절 이상을 걸어 아주 깊은 산속에 도착하자 아들은 어머니를 내려놓고 가지고 온 음식을 대접했다. 그리고는 얼마쯤 지나 아들이 잠시 숲속에 좀 다녀오겠다며 슬며시 자리를 뜨려고 했다. 그때 어머니가 입을 열었다.

"애야, 날도 저물어 가는데 조심하거라. 혹여 길을 잃거든 내가 업혀 오면서 소나무 가지를 꺾어 놓았으니 그것을 보고 내려가면 틀림이 없을 게다."

이 소리를 듣는 순간 아들은 눈물이 왈칵 쏟아졌으나 못 들은 체하고 도망치듯 발걸음을 돌렸다. 어두운 밤길이었지만 어머니가 꺾어 놓은 소나무 가지 덕분에 무사히 집으로 돌아온 아들은 눈물을 흘리면서 아내에게 자초지종을 말했다. 그러면서 고려장의 악습을 원망했다. 그러자 남편의 말을 묵묵히 듣고 있던 아내가 남편을 일으켜 세웠다.

"여보, 뭐해요. 우리 빨리 어머니를 다시 모셔와요."

부부는 그 길로 어머니가 계신 산속으로 다시 들어갔다. 한참을 헤맨 후 어머니를 발견하고 반갑게 달려들던 부부는 그만 걸음을 멈추고 말았다. 어머님의 기도 소리 때문이었다. 자신을 버리고 간 아들을 위해 어머니는 밤새 아들을 무사하게 해달라

고 산신령에게 빌고 있었던 것이었다.

부부는 어머니를 끌어안고 한참을 울었다. 그리고는 집으로 모셔와 함께 살았다. 이 소식이 마을에 퍼지자 곧 궁궐까지 알려지게 됐고, 이들 부부는 왕 앞에 끌려가기에 이르렀다. 이들을 향해 왕이 물었다.

"너희에게 일흔이 된 노모가 있다면서?"

"예, 그러하옵니다."

"그렇다면 고려장을 했느냐?"

"못하였사옵니다."

"국법을 어긴 이유가 무엇이더냐?"

부부는 지금까지 있었던 이야기를 왕께 소상히 아뢰었다. 이 이야기를 듣고 난 왕은 크게 감동하여 부부에게 큰 상을 내린 뒤 앞으로는 노인의 나이가 일흔이 되어도 고려장을 하지 않아도 된다는 어명을 내렸다. 이후 고려장 풍습이 사라지게 됐다고 한다.

3) 외국에서 나타나는 고려장 유사 설화

고대 이집트나 로마에서는 해마다 일정 연령에 달한 노인을 다리에서 떨어뜨려 수장하는 풍습이 있었다. 아프리카 수단의 팅카족은 노인이 재산 분배를 마치면 높은 언덕에 올라가 투신 자살을 하게 했으며, 뉴기니아의 파푸아족은 노인을 나무에 매단 뒤 '과일은 다 익었다'고 외치며 막대기로 때려 숨지게 했다고 한다.

아메리카 인디언들 역시 임종이 가까운 노인을 일정한 장소로 옮겨 그곳에서 죽도록 했으며, 에스키모인들은 거동이 불편한 노인들을 사용하지 않는 이글루(얼음집) 앞에 혼자 남겨 놓은 채 떠난다고 한다.

이 중 고려장과 가장 흡사한 것은 일본 북쪽 지방의 산골에서 행해지고 있는 기로 풍습이다. 일본식 고려장이라고 소개되고 있는 이 풍습은 영화 〈나라야마 부시코〉(1983년 칸 영화제에서 황금종려상 수상. 1999년 한국 개봉)에서 자세히 소개되고 있어 충격을 주고 있다. 이 영화를 통해 본 일본식 고려장 풍습은 그 형태나 방식이 고려장을 일본에 옮겨 놓은 것과 다름이 없을 정도다.

일본에서도 나이가 70이 넘은 노인은 나라야마(산)에 버리는 풍습이 있었던 것이다. 남아 있는 가족을 위해 노인의 군입을 줄이려는 눈물겨운 풍습이었다.

영화 〈나라야마 부시코〉는 큰아들이 어머니를 지게에 태우고 나라야마 정상까지 오르며 겪게 되는 인간적 갈등과 운명에 대한 순응을 담고 있는데 우리 나라 고려장 풍습과 빼닮았다.

'고려장은 없었다'라는 주장도 제기돼

1997년 IMF(국제구제금융)가 터졌을 때 시중에는 고려장이란 유머가 나돌았다. 회사에 기여한 공로가 커 직접 나가 달라고 말하지는 못하고 대신 엉뚱한 부서로 이동시켜 스스로 물러나도록 하는 조처를 일컫는 말이었다. 이처럼 지금도 우리 사회

에서는 고려장이라는 단어가 등장할 만큼 고려장은 한 시대의 아픔으로 기억되고 있을 정도다.

또 《삼국지》, 《위서》, 《고려도경》, 《계림유사》, 《세종실록》 등에서도 고려장이란 실례가 나오고 그 터도 발견되고 있지만 일부에서는 고려장의 역사는 왜곡된 것이라는 견해를 밝히고 있다. 특히 충주 MBC가 1999년 8월 특선 다큐멘터리로 제작해 방영한 〈고려장은 있었는가〉라는 프로에서는, 고려장이라는 용어 자체가 문헌에 처음 등장한 것은 1964년이라고 밝힌다. 또 고려장은 고려시대의 돌무덤을 일컫는 것이며, 말 그대로 고려시대의 무덤을 뜻하는 고려장과 결합해 우리가 알고 있는 고려장이라는 이야기로 발전했다는 결론을 내리고 있다.

제작사측은 그 근거로 늙은 부모를 내다 버리는 기로 설화가 문헌에 등장하는 것은 1926년의 일이라며, 당시 교사였던 심의련 씨가 그의 저서 《조선동화대집》에 〈노부모를 내다 버리는 자〉라는 제목의 글이 실린 것이 고려장의 이야기를 기록한 최초의 자료라고 말하고 있다.

그러나 진위 여부가 어찌 됐든 간에 고려장에 관한 이야기가 전국에서 채집되고 있고, 구전돼 오는 내용도 많이 남아 있는 만큼 무조건 전설로 치부할 수만도 없는 입장이다. 학자들의 꾸준한 연구와 조사가 병행돼 사실 여부를 가리는 수밖에 없을 것이다. 그때까지 강화도의 고려장 터도 그 용도가 불분명할 수도 있다.

글초로 소문났던 기행 시인
공초 오상순 묘

어어 밤은 깊어
화촉동방의 촛불은 꺼졌다
허영의 의상은 그림자마저 사라지고

그 청춘의 알몸이
깊은 어둠 바다 속에서
어족인 양 노니는데
홀연 그윽히 들리는 소리 있어

아야-야

태초 생명의 비밀 터지는 소리
한 생명 무궁한 생명으로 통하는 소리
열반의 문 열리는 소리
오오 영원의 성모 현빈이여

머언 하늘의 뭇 성좌는

이 밤을 위하여 새로 빛날진저!

밤은 새벽을 배
침침히 깊어 간다

1963년 6월 〈첫날밤〉이라는 제목의 현대시를 발표하여 당시
문단을 떠들썩하게 했던 시인 오상순(吳相淳, 1894~1963). 그는
지금 가고 없다. 담배와 재떨이, 그리고 시 몇 편만 챙겨 훌쩍
저 세상으로 떠나 버렸기 때문이다.

▲ 북한산 자락인 서울 수유1동 빨래골터. 인근에 자리하고 있는 오상순의 묘소.

바람처럼 걸림없이 살기를 좋아 독신으로 지내다가, 역시 죽
어서도 혼자 묻혀 외로움을 즐기는 공초 오상순 선생. 그의 유
택(幽宅)이 북한산 자락인 서울 수유 1동 빨래골 터 인근 야산
에 있다는 사실을 아는 이도 드물다.

빽빽이 둘러싸인 아카시아나무 아래 동그랗게 솟아 있는 봉분, 큰 비석과 상석은 여느 묘소와 크게 다를 바 없다. 다만 그의 묘소를 둘러싸고 있는 철책과 자물쇠가 걸려 있는 철문은 생전에 걸림없이 살고자 했던 고인의 뜻을 저버리는 것 같아 아쉬움을 느끼게 한다.

인생은 어차피 공수래 공수거(空手來 空手去)라고 했던가. 시인 오상순, 그의 삶이 그랬다. 오죽했으면 호를 공초라 했을까. 피우다 버린 담배를 일컬어 '꽁초'라 하던가. 그의 인생이 꼭 태우다 만 꽁초와 같다. 결혼도 포기하고 부귀·명예에 연연하지 않았던 삶이 그렇다. 그래서일까. 그의 묘소를 찾으면 처음의 엄숙했던 표정이 사라지고 금세 너털웃음이 피어난다. 생전의 그의 모습을 연상케 하는 상징물이 눈에 띄기 때문이다.

묘소 앞에 자연석 재떨이 놓여

앞서 말한 대로 그의 무덤 앞에는 가로 136cm, 높이 136cm에 이르는 정사각형의 대형 비석이 세워져 있다. 정면에는 그가 짓고 평소 잘 읊었던 〈방랑의 마음〉 중 첫 단인,

흐름 위에
보금자리 친
오! 흐름 위에
보금자리 친 나의 혼(魂)

이라는 시구가 예서체로 음각되어 있다.

뒷면에는 '1894년 4월 9일 서울에서 태어나 1963년 6월 3일 돌아가다. 《폐허지(廢墟誌)》 동인으로 신문학 운동에 선두가 되다. 평생을 독신으로 표랑(漂浪)하며 살다. 몹시 담배를 사랑하다. 유시집(遺詩集) 한 권이 남다'는 내용의 짤막한 비문이 적혀있다. 여기까지는 다른 묘들과 큰 차이가 없기는 마찬가지다. 그러나 정작 참배객을 미소짓게 하는 것은 높이 1m 60cm(가로 30cm, 세로 45cm에 이르는 화강암 돌기둥이다. 3분의 2 높이에 사방으로 구멍이 뚫린 이 모습에서 비움(空)을 연상케 하기 때문이다. 그의 호가 공초가 아니던가.

▲ '첫날밤'이란 시비를 앞세우고 잠들어 있는 공초 오상순 묘역.

물론 여기서도 아무런 느낌을(?) 얻지 못했다면 고개를 돌려 상석 옆에 놓여 있는 높이 40cm(가로 29cm)에 이르는 자연석 돌 하나를 유심히 본다면 그예 웃음을 터뜨리지 않을 수 없게 된

다. 바로 곱게 다듬어진 재떨이 모양이기 때문이다.

혹여 누군가 고인을 위해 불붙인 담배를 놓아 두고 갔을 경우 그 씀씀이가 재떨이라는 사실을 금방 눈치채게 돼 미소가 빨리(?) 오기도 한다. 그러면서 시인 오상순 선생의 호가 왜 공초였을까 했던 의심이 풀리기 시작하는 것이다.

현재 이 묘역은 공초 오상순 선생 숭모회에 관리하고 있다.

생전에 욕심이 있었다면 담배에 대한 애착이 전부요, 친구와 시를 좋아해 결혼할 시간도 없었던 공초 선생. 그가 남긴 것은 몇 편의 시와 묘지 앞의 자연석 재떨이가 후세에 전하는 유산이 됐지만, 공초에서 느끼는 정감은 각박한 현대 사회에서 우리에게 영원한 청량제가 되고 있다.

담배를 좋아하다 못해 사랑한 사람

오죽 담배를 좋아했으면 호를 공초라고 했을까. 하지만 이 대목에서는 뉘앙스가 담배를 상징하게 하고 있지만 실은 그 의미가 사뭇 다르다. 그의 호는 공초가 분명하되 빌공(空)에 부를초(超)자를 쓴다. 담배를 상징하고 있다면 풀초(草)가 돼야 한다.

그러나 분명한 것은 공초 선생이 담배를 좋아하다 못해 사랑했다는 것이다. 보통 사람들이 하루에 담배 한 갑(20개비) 정도 태우는 것이 평균이라면 공초 선생은 꼭 열 배에 해당하는 200개비를 피웠다고 한다. 하루종일 담배를 입에 물고 다녔다는 계산이다.

▲ '공초'를 연상케 하는 사각 돌기둥.

▲ 묘소 앞에 마련된 자연석 재떨이는 애연가로서의 공초를 떠올리게 한다.

생전의 그는 담배를 입에서 뗄 줄을 모를 정도로 즐겼고, 담배 입맛도 까다로워서 전매청까지 소문이 나 있을 정도였다.

한번은 이런 일도 있었다. 1960년대 초의 일이다. 당시 전매청이 우리 나라 최고급 담배인 '사슴'을 생산했는데, 애연가들의 반응이 어떨지 몹시 궁금했던 전매청장이 궁리 끝에 우선 공초 선생에게 담배 열 갑을 보낸 뒤 담배맛을 평해 달라고 주문을 했다는 것이다.

그런데 아이러니하게도 공초 선생은 금연과 금주를 철칙으로 여기는 기독교 신자였었다. 물론 나중에 기독교를 떠나 입산과 환속을 거듭했는가 하면 전국을 떠도는 방랑자가 되기도 했지만….

이 시기 공초 선생은 인생의 고독과 허무 등을 담배 연기에 비유하는 시를 남겼는데 이는 〈방랑의 마음〉에 잘 표현돼 있다.

흐름 위에
보금자리 친
오! 흐름 위에
보금자리 친
나의 혼…

바다 없는 곳에서
바다를 연모하는 나머지에

눈을 감고 마음 속에
바다를 그려 본다
가만히 앉아서 때를 잃고…

옛 섬 위에 발돋움하고
들 너머 산 너머 보이는 듯 마는 듯
어릿거리는 바다를 바라보다
해 지는 줄도 모르고…

바다를 마음에 불러일으켜
가만히 응시하고 있으면
깊은 바다 소리
나의 피의 조류를 통하여 오도다

망망한 푸른 해원
마음눈에 펴서 열리는 때에
안개 같은 바다의 향기
코에 서리도다

　시가 그립고, 담배 한 대가 간절한(?) 사람들. 그들이 찾아갈
곳은 이미 정해져 있다. 죽어서도 담배 연기가 그리워 북망산
천 제쳐두고 북한산 자락 나지막한 언덕에 자리잡고 있는 공초
오상순 시인의 유택을 찾아가는 것이다. 거기서 담배 한 가치
피워 선생의 재떨이에 올려 드리고, 나머지 한 대는 입에 물고
사르르 눈을 감으면 절로 시인이 된다.

흐름 위에
보금자리 친
오! 흐름 위에
보금자리 친
나의 혼…

공초 선생을 생각하면 먼저 담배가 떠오르고, 이어서 걸림없이 살고자 했던 자유스런 삶이 그리워진다. 또 많지는 않지만 우리 가슴에 와 닿는 시를 남겨 주고, 인생을 반추케 하는 메시지가 들리는 상상을 하게 한다. 세인들이 그를 좋아하는 충분한 이유다.

서울 성북구 돈암동에 살던 조영암(趙靈巖) 스님도 이 중 한 사람이었다. 스님은 처녀막 터지는 소리를 듣고 오도(悟道)한 공초 선생을 한국의 유마거사(維麻居士)로 추앙했다. 스님은 여기서 그치지 않고 자신이 거하던 암자를 공초암이라고 이름짓고 이어 공초 선원(禪院)과 공초 강원(講院)도 설립, 완전히 공초 선생의 팬(?)이 되어 버렸다.

스님은 설악산 봉정암 부근의 토굴에서 칠일칠야(七日七夜)를 정진하던 중, 비몽사몽간에 한 스승을 만나 성명학(姓名學)에 관한 책을 전수받게 됐는데, 그분이 바로 공초 선생이 틀림없었다고 한다. 더군다나 시에 관심이 많았던 스님은 공초 선생의 시혼(詩魂)이 자신과의 인연을 맺게 해줬다고 굳게 믿고 있다. 따라서 후손이 없어 제삿상을 못 받을 것을 염려, 스님이 직접 제사를 드리기끼지 했다. 한때 기행승(奇行僧)으로 회자되

기도 했던 스님이지만 공초 선생에 대한 지극 정성은 타의 추종을 불허할 정도여서, 선생은 지하에서나마 외로움을 덜 탈 것처럼 여겨진다.

　필자 역시 그예 공초 선생을 그리워하는 시 한 편을 지어 봤다.

　　평생
　　시와 담배를
　　벗삼고
　　애인삼아 살다 간
　　님이시여

　　하수상한 시절 인연 탓에
　　보금자리 한번
　　펴보지 못하고
　　독신으로 산
　　뒷 이야기가
　　쓸쓸하더이다

　　어이 된 일이었냐고
　　묻고 싶어
　　님의 묘소를 찾았다가
　　그만 너털웃음을
　　터뜨리고 말았소이다그려

외로운 묘지 앞에
정말 잘 어울리는
자연석 재떨이 하나

거기에 덩그마니 놓여 있는
꽁초 한 개비 보고
웃지 않을 이 없었을 게이다

뉘
님 생각해
피워 놓고 갔음직한
충직한 선물이
얼마나 위안이 됐을까

되돌아서던
내 마음도
담배 생각으로
촉촉히 젖더이다

님이시여

인생이
담배 연기같이 허무함을 알진대
어이 호올로 가셨나요

‘흐름 위에
보금자리 친
오 흐름 위에
보금자리 친…’이라고 절규한
님의 숨결을
이제야 알리라

지금
내 앞 재떨이엔
님께 공양 올린
새 담배 연기가 모락모락 피어오르고.

교조 강증산의 묘

단군계(檀君系)·동학계(東學系) 종단과 함께 국내 3대 민족종교의 축을 이뤘던 증산계(甑山系) 종단의 교조 강증산(본명 姜一淳). 해원상생(解冤相生)을 통한 도통진경(道通眞境)의 세계를 만들기 위해 천지공사(天地公事)를 펴던 증산은 이 땅에서 자신의 뜻을 이루는 것을 후세에 미룬 채 39세의 젊은 나이로 화천(化天 사망)했다.

생전에 성인(聖人)으로 받들어진 까닭에 사후에라도 그의 음덕을 받을 양으로 전국에서 수많은 도인들이 몰려들었고, 이 기운은 결국 증산의 유해를 차지하려는 세력으로 비화되기도 했었다. 이 때문에 증산의 유해는 4회 이상 이장(移葬)을 거듭해야 했고, 그 과정에서 왼팔의 뼈가 사라지는 수난을 당해야만 했다.

한때 서점가에 《증산의 왼팔을 찾아라》는 책이 나와 큰 이슈가 됐던 것도 이와 무관치 않다. 이 때문에 증산의 유해가 마지막으로 안장된 증산법종교(전북 김제시 금산면 금산리 103)의 영대에도 시금까지 왼팔은 빠져 있는 실정이다. 사건의 전말은

210

혼란했던 당시의 '시절 풍경'에서나 찾아볼 수 있다.

증산은 1871년(고종 8년) 전라도 고부땅에 속해 있는 손바래기
(客望里)에서 태어났다. 모친은 증산을 잉태할 때 하늘이 갈라
지며, 큰 불덩이가 쏟아져 내려와 몸을 덮는 순간 온 천지가
밝아지는 꿈을 꾼 뒤 13개월 만에 증산을 낳았다.

증산이 세상에 나올 때 부친은 두 선녀가 하강해 산실(産室)
로 들어가 갓난 아이를 보호하는 환상을 보았는데, 실제로 서
광이 7일간이나 시루봉(甑山)으로 뻗어 나갔다고 한다.

특히 아이의 왼손에 북방을 상징하는 임(任)자와 오른손엔 별
을 뜻하는 무(戌)자 무늬가 또렷하게 새겨져 있어 처음부터 예
사 인물이 아님을 알게 했다. 증산이 태어난 마을의 원래 이름
은 올 사람을 기다린다는 뜻의 선망리(仙望里)였으나 증산이 태
어난 이후 손님을 맞아 보낸다는 객망리(客望里)로 변했으며,
지금은 후천 개벽의 새날을 여는 뜻이 담긴 새터(新基)마을로
불리고 있다.

증산은 7세 때 훈장이 천(天)자와 지(地)자를 가르쳐 주니 하
늘과 땅의 이치를 깨달을 만큼 재주가 총명했고, 스물한 살 때
는 다리를 절고 얼굴이 얽은 여인을 부인으로 맞아들여 포근히
감싸 줄 정도로 아량도 넓었다.

반면 증산이 도탄에 빠져 있는 세상을 구제하려는 큰 뜻을
품고 전국을 주유(周遊)하기 시작했을 당시는 관리들의 횡포가
극에 달했고, 이에 견딜 수 없었던 농민들이 봉기한 동학군들
로 혼란이 계속될 때였다. 이 와중에서도 증산은 충청도 비인

땅에서 김경흔(金京訴)이 남긴 태을주(太乙呪)를 얻고, 연산에서
는 김일부(金一夫)로부터 정역의 이치를 깨닫는다. 마침내 증산
이 천하주유를 마치고 고향에 돌아왔을 때 그의 나이는 30세였
다.

증산은 이듬해 모악산에 있는 대원사에 들어가 49일간 식음
을 전폐하고 수련한 후 홀연히 천지 대도의 이치를 깨닫고 하
산해 천지공사를 펴기 시작했다.

천지공사는 한마디로 말세의 인류를 구원하고 후천세계의 개
벽을 위해 준비하는 시무를 뜻한다. 증산의 첫 제자로는 동학
농민전쟁 중 목숨을 구해 준 김형렬이었다.

212

9년간 천지공사 펴

증산의 사상은 그가 9년에 걸쳐 펼친 천지공사에 잘 나타나
있다. 이것은 해원(解寃)·보은(報恩)·상생(相生)·조화(造化)로
대표된다. 이 중 해원은 단어 그대로 원한을 푼다는 의미로 만
고원신·만고역신 등 신명계의 원을 비롯해, 인간 상호간의 원
을 풀어야 한다는 뜻이다. 또 보은은 신과 인간이 서로를 돕고
이해함으로써 평화가 오고, 상생은 모두가 도우며 살자는 가르
침이다.

조화 역시 후천의 새 이념, 새 규범, 새 질서를 창조하여 인
간 모두가 잘 살아갈 수 있도록 하자는 목표에서 출발하고 있
다. 증산이 펼친 천지공사는 크게 3가지로 요약되는데, 신정정
리공사(神政整理公事), 세운공사(世運公事), 교운공사(敎運公事)가
그것이다. 신정정리공사란 신계(神界)를 재정비했다는 의미가
포함돼 있는데, 이를 세분하면 해원공사, 신단(神團)통일공사,
기령(氣靈)의 발수(拔收)통일공사로 나눌 수 있다.

해원공사란 원한에 사무친 신명들의 한을 풀어 주는 일이다.
증산에 따르면 우리가 살고 있는 이 세계의 이면에는 인간계와
똑같은 신명계가 펼쳐져 있는데, 이 신명계는 인간계에 지대한
영향을 미치는 것으로 파악한다. 다시 말하면 인류 역사가 시
작된 이래 수없이 죽어간 사람들이 신명계에 존재하는데, 여기
에는 억울하게 죽어간 원신(寃神) 등이 있어서 그 사무친 원한
때문에 서로가 싸우고 있고, 그 여파가 인간 세상에까지 미치
고 있어 세상이 이처럼 시끄럽게 된다는 것이다. 따라서 이 원

▲ 증산교 본부에 모셔져 있는 증산의 영정. 교인들이 치성을 올리고 있다.

을 풀어 주지 않고서는 인간사회에 진정한 평화가 올 수 없다
는 것이 증산의 생각이었다.

신단통일공사는 각 지방을 대신하는 지방신, 각 문명을 대신
하는 문명신을 통일한 공사다. 과거에는 신명들이 각 지방에서
그 지방 신명으로 구성된 지방적 특수 단체를 형성하고 그 지
방의 발전을 위하여 노력하였을 뿐, 서로 월계(越界) 교통(交通)
이 없었으므로 인간세계는 지방적 편견과 종족적 확집으로 살
벌투쟁이 계속돼 왔다. 그러다기 근세로 접어들면서 세계 장벽

214

이 열리며 각 지방의 인문물화(人文物貨)가 교류됨에 따라 신명
계에도 장벽이 무너져 각 지방신이 서로 월계하여 대혼란이 일
어나게 되었다. 따라서 이 혼란을 정리하기 위하여 증산이 지
방신 통일공사를 폈던 것이다.

문명신이란 각 문명권을 대신하는 신, 즉 각 종교신들을 말한
다. 유교신단, 불교신단, 기독교신단과 같은 신단들이 그간에는
각기 자신들의 문명을 위해 투쟁해 왔기 때문에 지금까지 문명
들간의 심한 갈등과 대립이 일어났다. 그러므로 증산은 이 혼
란을 통일시켰다는 것이다.

이와 같이 증산은 지방신, 문명신 등을 통일시켜 대통일신단
(大統一神團)을 형성함으로써 평화로운 세계가 되도록 했다는
것이다. 기령의 발수통일공사란 고르지 못한 땅의 기령 때문에
분란이 일어났다고 보고, 이 고르지 못한 기령을 골랐다는 공
사이다. 세운공사는 세상 변화의 운도가 양(陽)시대에서 음(音)
시대로, 선천(先天)에서 후천(後天)으로, 어두운 세상에서 밝은
문명의 세상으로 바뀌도록 조정·정리하여 후천 선경이 조선으
로부터 비롯되도록 했다는 것이다.

증산교에 따르면 우리 나라가 일제에 나라를 빼앗긴 것도,
8·15 해방과 6·25 전쟁이 일어난 것도 모두 증산의 세운공사
에 의한 것으로 보고 있다. 수천 년의 얽히고 설킨 원한 때문
에 이런 전쟁과 억압 등으로 해소시키지 않을 수 없었다는 것
이다.

이 같은 사건 외에도 마지막으로 어려운 고통이 인류 앞에
놓여 있는데, 그것이 바로 병겁(病劫)이다. 전대미문의 대병란

(病亂)이 세상을 휩쓸어 거의 대부분의 사람들이 죽게 된다고 한다. 그러나 이 어려움만 극복하게 되면 나머지 세상은 지상선경이 되어 평화롭고 안락한 생활을 영위할 수가 있다는 것이다. 이처럼 증산은 9년 간에 걸쳐 각종 공사를 펼쳤는데 이를 일컬어 천지공사를 폈다고 총칭한다.

성인(聖人)은 가고 제자만 남아

천지공사를 펴던 증산은 제자들에게 많은 숙제를 남겨 준 채 세상을 떴다. 현재 그의 유해는 속칭 오리알 터로 불리는 증산법종교의 영대에 봉안돼 있다. 그러나 이 묘는 1995년까지만 해도 풀 한 포기 자랄 수 없는 콘크리트 봉분으로 되어 있어 보는 이들로 하여금 안타까움을 자아내게 했다. 도굴을 방지하기 위해 콘크리트로 묘를 포장(?)했기 때문이었다.

덕분에 증산의 성묘는 국내에서는 찾아볼 수 없는 최신식의 모습이 되어 버렸다. 그러나 이를 조성한 이들이나 이 모습을 지켜보는 교인들의 심정은 여전히 불경(不敬)스러웠다.

이 같은 심정은 결국 이심전심으로 승화돼 1995년 성묘장엄 사업을 추진, 연꽃잎 모양의 석고판을 봉분 위에 덧씌워 분위기를 일신시킴으로써 해결이 됐다. 더불어 이후부터는 증산의 성묘 도굴 사건이 더 이상 재연되지 않는다는 확신도 갖게 되었다.

1980년대까지만 해도 증산의 양자(수양아들)인 강경형 씨가 성골 이장을 주장하며 봉분을 훼손하는 사건이 여러 차례 있었으

▲ 증산의 유택. 콘크리트로 돼 있었으나 그 위에 연꽃잎 모양의 석고를 덧씌웠다.

나, 1993년 강씨가 사망함으로써 이 문제는 사실상 일단락된 셈이다. 실로 증산 사후 90여 년 만에야 형제교단 간에 성골 확보 싸움이 잠잠해진 것이다.

증산은 민족종교 교주 중 생사(生死)에 걸쳐 가장 많은 수난을 당한 것으로 기록되고 있다. 가난과 질병 그리고 동학농민전쟁으로 어수선한 시절에 포교를 한 일이나 39세의 젊은 나이로 세연(世綠)을 끊은 것도 그렇다. 반면 사후에는 수난이 더 컸다.

증산은 자신이 죽을 때를 잘 알고 있었다. 기유년(1909년) 6월에 증산은 제자에게 이르기를 '천하사(天下事)를 도모하러 떠나리니 일을 다 본 뒤에 돌아오리라'(대순전경 9~12)고 한 뒤 돈 40원을 궤 속에 넣어 두고 후일 장례비로 쓰도록 명했다.

또 증산은 말하기를 '죽고 살기는 쉬우니 몸에 있는 정기를 흩으면 죽고 모으면 사느니라'고 한 뒤 차경석에게 전라북도 고부군 우덕면 객망리 강일순 서신사명(西神司命)이라고 쓰게 한 뒤 불살라 버리게 했다.

증산은 기유년 6월 24일(양력 8월 9일) 사시(巳時)에 차경석이 지켜보는 가운데 화천(사망)했는데, 마지막 남긴 말이 '정가 정가(鄭哥 鄭哥) 글도 무식하고 똑똑하지도 못한 것이 무슨 정가(鄭哥)냐' 했다. 이는 당시 민가에 퍼진 정감록 비결에 대한 폐해를 경계하도록 주문한 것으로 보인다.

시신 확보 싸움 치열

증산이 숨을 거두자 제자들의 상심은 매우 컸다. 천지개벽을 통해 새 세상을 연다고 약속했던 스승이 40세도 안 돼 사망했기 때문이다. 당시 증산을 따르던 수많은 제자들이 뿔뿔이 흩어진 것도 이 때문이다.

1909년 6월 24일(음) 증산이 동곡약방에서 화천하자 제자들은 그의 시신을 수습하여 구릿골(동곡) 큰골 솔개봉 밑 장탯날 기슭에 초빈(草殯)을 썼다. 이때까지만 해도 증산의 유골은 곱게 묻혀 있었다. 그러나 첫 시련은 그리 오래 되지 않아서 시작됐다. 1921년 9월 통사동 공부방에서 백일 기도를 마친 정산(증산의 숭배자)이 선돌부인과 강순임을 비롯해 몇몇 제자들을 동원하여 증산의 초빈을 찾은 다음 유골을 수습해 자신의 공부방으로 가져간 것이다. 이것이 최초의 유골 도굴사건으로 기록되고

있다.

스승의 유골을 가져온 정산은 성골을 깨끗이 닦아 백지로 감싼 뒤 이를 다시 비단으로 싸서 공부방 상단에 안치한 다음 조석(朝夕)과 삭망(朔望)으로 치성을 올렸다. 당시 정산이 내놓은 명분은 '내가 상제님 재세시에 옥체를 봉성치 못하였으므로 이제 와서 성골을 모심으로 천의를 받드는 것이다. 이는 상제님께서 도수(度數)로써 정하신 일인데 염습과 매장을 절차대로 하지 못하게 하심도 이에 연유함이다'는 것이다.

그러나 이듬해(1922년) 1월 23일 자정쯤 복면을 한 반대파 사람 20여 명이 난입하여 온 집안을 뒤지며 증산의 유해를 찾았다. 이 과정에서 괴한들은 정산의 부친(조용모)을 때려 오른 팔을 부러뜨린 뒤 유해를 탈취해 도망갔다. 다행히 정산은 그 자리에 없어 피해를 당하지는 않았다.

당시 괴한들은 증산의 유골을 서둘러 훔쳐(?) 가느라 왼손 완골(腕骨)이 빠져 있는 것도 모른 채 달아났다. 사건 이후에 나타난 정산이 유골 중 일부가 남아 있는 것을 확인하고 이를 수습해 대전에 있는 처가로 피신해 있었다. 그러나 이를 알게 된 반대파 사람들이 다시 찾아와 정산을 여관으로 납치한 뒤 둔궤(증산의 유품)를 내놓으라고 종용하는 과정에서 다시 싸움이 벌어지자 이에 놀란 여관 주인이 경찰에 신고함으로써 모두 연행되었다. 이들은 경찰의 취조 과정에서 유골쟁탈 싸움이 밝혀져 몇 사람이 입건되기도 했다.

그러나 정작 문제가 됐던 것은 증산의 유골이다. 초분에서 정산의 공부방으로, 그리고 문공신 강열우의 은거지로 옮겨졌던

유골은 경찰 조사 때 성묘 훼손과 유골쟁탈전이 드러나자 경찰이 유골을 압수(조사용)하기에 이른다. 경찰서로 다시 옮겨진 유골은 불경하게도 콘크리트 바닥 신문지 위에 방치되기도 했는데, 이는 제2의 유골 도난을 방지하기 위한 일환이기도 했다.

결국 이 유골은 경찰의 조사가 끝난 뒤 당시 가장 큰 교세를 갖고 있던 보천교에서 인수해 갔다. 유골을 가져간 보천교측은 곧바로 대흥리 앞 냇가에 임시 빈실을 마련하여 유골을 다시 매장했다. 정식 장례 절차를 밟지 않은 것은 잃어버린 왼쪽 손목뼈를 마저 찾은 뒤에 예를 올리겠다는 뜻이 포함돼 있었다.

그러나 증산의 유골은 한동안 제자리를 찾을 수가 없었다. 보천교와 무극도 간에 유골 인도 소송이 있었고, 1927년(정묘년) 가을에는 조철제가 화은당(증산의 딸)의 명의를 빌려 보천교를 상대로 유골 인도 소송을 내는 등 잡음이 끊이지 않았기 때문이다.

한편 소송이 진행되자 보천교 교주 차경석은 증산의 유골을 대흥리 뒷산인 비룡산 중턱에 암장하고 원래 모셨던 빈실에는 머슴살이를 하다 죽은 이의 유골을 파다 관에 넣어 두었다. 그러나 조철제가 소송에서 패소하게 되자 암장된 증산의 유골은 비밀에 부쳐진 채 세월이 흘렀다. 몇몇 사람들 외에는 증산의 유골이 어디에 있는지조차 모르게 된 것이다.

이후 유골에 큰 관심을 가진 이가 바로 증산의 딸인 화은당이다. 화은당은 아버지의 유골을 찾기 위해 보천교 차경석 교주의 심복들과 여러 차례 교섭하던 중, 매장에 관여했던 한 사람을 설득하는 데 성공하여 비룡산 중턱에 암장돼 있던 승산의

▲ 영대 내부 모습. 증산과 부인 정씨의 묘가 나란히 있다.

유골을 수습하게 되었다.

이후 증산의 유골은 1949년(기축년) 3월 15일 대대적인 장례 (葬禮)를 행한 뒤 지금의 증산법종교 영대에 모셔지게 되었다. 이때 장례에는 삼베 양복을 입은 도생 120여 명이 상여를 에워싸고 전국에서 수많은 교인들이 모여 성황을 이루었다. 그 동안 유골과 관련된 싸움에 대한 송구함을 표출하듯 장례는 엄숙하게 진행되었다. 당시 부른 영가 속에도 교인들의 마음이 잘 담겨져 있다.

가소로다 가소로다 세상사가 가소로다
이내 몸이 생겨나서 삼십구년 낭도타가
초당에 깊이 든 잠 일몽으로 화해나서

한 곳으로 돌아드니 십주연화 분명하다

다시 불거진 유골 도난 사건

증산법종교 본부에 모셔진 증산의 유골은 24년간 평안히 영면하면서 더 이상의 수난은 없을 것처럼 보였다. 그도 그럴 것이 증산의 묘는 도굴을 염려해 봉분까지 콘크리트로 타설돼 있었기 때문이다. 그러나 이 같은 기대는 1973년 11월 10일 산산이 깨져 버렸다. 증산의 양자인 강경형(姜炅馨)이 양부의 유골을 선산에 이장하겠다면서 일꾼들을 데리고 와 성묘를 파헤치면서 비롯되었다.

강경형은 영구차까지 대절하여 성묘원의 자물쇠를 부수고 봉분을 깨뜨리자 증산법종교 여신도들이 필사적으로 이를 제지해 뜻을 이룰 수가 없었다. 그러자 강경형은 같은 해 11월 29일 전북 지방법원에 법종교 대표 이환우와 총무 김춘도를 상대로 양부의 유골을 인도하겠다는 소송을 제기했다. 그러자 증산법종교측도 강경형을 상대로 무단 주거침입, 기물 파손, 성골현지 봉안의 건으로 맞고소하기에 이르렀다.

양측의 이 같은 유골 싸움은 증산계 교단 관계자들을 경악케 했음은 물론 사회적으로도 큰 이슈가 되어 전북일보는 이 내용을 대서 특필하기도 했다.

증산교 홍보에는 큰 도움 돼

증산의 유골이 수차에 길처 도굴이 되고 또 이를 서로 차지

하려는 싸움은 보기에는 안 좋았지만 민족종교인 증산계 종단을 널리 알리는 데는 일조했다. 더군다나 유골을 차지하는 사람이 후천선경을 일궈낼 도통군자가 된다는 소문 등은 많은 이들이 증산교의 교리에 관심을 갖게 하는 계기도 되었다.

　현재 증산의 유골은 증산법종교 본부의 영대에 잘 봉안돼 있다. 지하 성전으로 불리는 이곳은 1949년 3월 15일 고전적 목조 건물인 2층으로 건축, 증산과 정씨 대모의 유해를 안치해 놓고 있다. 과거 흉물스럽기까지 했던 콘크리트 봉분 대신 연꽃으로 장엄돼 있는 이 무덤은 다른 곳에서 찾아볼 수 없는 몇 가지 특징을 갖고 있다. 첫째는 무덤이 재각에 모셔져 있다는 것이고, 둘째는 역시 전체가 콘크리트로 돼 있다는 것이다. 아침 저녁으로, 또 초하루와 보름마다 법종교에서 치성을 모시고 있는 것도 색다르다.

　한때 70여 개가 넘는 종파를 형성하며 큰 세를 과시했던 증산계 종단. 그러나 지금 20개 남짓한 종파가 나름대로 포교 영역을 넓혀 가고 있지만 몇몇 종단 이외에는 유명무실한 곳도 많다. 그러나 일부 종단에서는 증산의 유해(왼팔)를 다 수습하고, 이를 다시 장례하는 때가 오면 세상은 또 한번 크게 바뀌리라는 확신을 갖고 있다. 그것이 바로 천지공사가 완성되는 시점이고, 지상선경이 도래하는 개벽의 시기가 될지는 아직 속단하기 어렵지만 말이다.

할망당 전설과 마라도 무덤

끝(終, End)은 언제나 묘한 여운을 남게 한다. 사이비 신앙인들이 종말을 부르짖을수록 희망이 솟는 것도 끝에 대한 또 다른 여운 때문이리라.

대개 인간들은 끝 좇기를 즐겨한다. 지구상에서 제일 높은 에베레스트 산 정상(끝)을 오르거나 해저를 탐험하는 일도 끝을 보고 싶어하는 욕망의 발로라고 여겨진다. 우리 나라 최남단의 섬인 마라도가 세인들의 관심을 끄는 것도 국토의 끝에 자리하고 있어서다. 그러나 아이러니하게도 끝이라는 세계에서 자신의 생애를 끝내려는 이들도 더러 있다. 마라도 남동쪽의 깎아지른 바위는 우리 나라 영토의 맨 끝자락이라는 의미 외에 한때 인생을 끝내려는 이들의 명소가 된 적이 있다.

그러나 교회와 사찰이 들어서고 몇 안 되는 민초들의 돌무덤이 자살을 위해 이곳을 찾은 외지인들을 돌려 세우면서, 자살 사건은 더 이상 이목을 끌지 않게 되었다.

'우리 나라 최남단에 위치한 조그마한 섬 마라도에도 무덤이 있다'고 하면 대다수인들은 '사람 사는 곳에 죽음이 따르게 되

고, 그렇다면 무덤이 있는 것은 당연한 것 아니냐'는 반응을 보일 것이다. 하기사 요즘의 마라도엔 다방은 물론 자장면 집까지 들어서 섬 구석구석까지 배달도 된다. 그러니 '처녀 불알(?)' 인들 없겠는가 말이다.

현재 마라도엔 10여 기의 무덤이 있다. 흙이 귀하고 돌이 흔한 탓에 사람이 죽으면 봉분만 흙으로 만들고 돌을 이용해 산담(무덤을 둘러싸고 있는 돌담. 짐승의 침입이나 불이 번지는 것을 막기 위해 쌓아 놓은 것으로 육지 사람들은 일명 날개라고 부른다)을 쌓는다.

▲ 마라도에는 잘 가꾸어진 묘소가 곳곳에 있다.

대부분 정사각형으로 만드는 산담은 제주도 인근 지역에서만 볼 수 있는 독특한 무덤 형식이다. 10여 년 전까지만 해도 뭍(여기서는 제주도를 말한다)에 연고자가 있을 경우는 시신을 배로 운반해 가 그곳에 묻는 것이 보통이었지만 그렇지 않을 경

우는 이곳에 매장했다.

최근에는 외지인들이 많이 들어와 땅을 점령하고 새 건물이 들어서면서 땅이 좁아지고, 한편으론 미관 문제까지 겹쳐 새로운 묘를 쓰지 않는 게 불문율처럼 되어 버렸다. 그래서 마라도는 우리 나라에서 유일하게 사람은 증가해도 묘는 늘지 않는 이상향(?)으로 변해 가고 있다.

마라도 묘지의 효시 할망당

마라도 북서쪽 해변에는 할망당(혹은 처녀당)이 있다. 이 제단은 서너 평 규모의 돌담으로 둘러싸인 보잘것없는 모습이지만 이곳에서 가장 신성시하는 곳이다.

▲ 마라도 북단에 위치한 할망당 터.

매년 길일을 택해 봄·가을로 두 차례씩 제를 올리는데, 이때

는 섬 주민 중 여자만 참가할 수 있다. 더군다나 고추 영근(?) 남정네는 한 달간 이 근처를 얼씬해서도 안 된다. 그 이유는 억울하게 죽어 이곳에 묻힌 여인의 한을 달래기 위해서다.

전설은 이렇게 시작된다.

옛날 가파도에 살던 고씨 가문에 업저지(어린아이를 업어 주며 돌보는 계집아이)가 있었다. 그러던 어느 해 주인집이 파산하는 바람에 업저지도 그 가족을 따라 마라도로 건너오게 되었다. 주인은 마라도를 개간하기로 결심하고 이곳에 불을 놓은 다음 후년에 되돌아와 농사를 짓기로 했다. 그런데 주인이 마라도를 떠나기 전날 밤 비몽사몽간에 동해 용왕을 보게 됐는데, 처녀 한 명을 주고 가지 않으면 온 가족이 탄 배가 무사히 바다를 건너지 못할 것이라고 말하는 것이었다.

이튿날 주인은 지난 밤 꿈을 까마득히 잊고 가족들을 배에 태우고 떠날 차비를 서둘렀다. 그런데 이게 웬일인가. 갑자기 풍랑이 거세지기 시작하더니 곧 배를 삼킬 것 같았다. 이때서야 주인은 지난 밤 꿈을 떠올리고 업저지한테 처네(아기를 감싸는 보자기)를 놓고 왔으니 빨리 가져오라고 거짓 심부름을 시켜 배에서 내리게 한 뒤 급히 노를 저어 나왔다. 풍랑은 멈추었고 먹구름도 걷힌 것은 물론이었다.

그 후 1년이 지난 뒤 마라도에 다시 돌아온 주인은 지금의 할망당 자리에 남아 있는 업저지의 앙상한 유골을 보고 크게 회심한 뒤, 이를 땅에 고이 묻어 주고 매년 처녀의 혼령을 위로하는 제사를 지내기 시작한 것이 오늘에 이르고 있다. 마라

도 최초의 무덤은 이렇게 해서 생겨나게 된 것이다.

'마침표' 아닌 '쉼표'로 남는 섬

국토의 끝에 자리하고 있어 '한반도의 마침표'로 상징돼 온 마라도. 그래서 인생의 마침표를 찍기 위해 섬을 찾는 이도 많았었지만 지금은 오히려 삶의 활력을 얻기 위해 이곳에 오는 이들로 붐빈다. 마침표에서 쉼표로 바뀐 것이다. 그러나 1985년 이 땅에 묘를 쓸 각오로 똑딱배 한 척을 얻어 들어온 이가 있었다. 바로 방다락 목사였다.

뒤늦게 신학공부를 한 방목사는 '땅 끝까지 복음을 전하라'는 예수의 말을 지정학적 의미로 받아들이고, 대한민국의 최남단인 마라도의 복음화를 위해 이곳에 첫발을 디뎠다.

방목사가 마라도에 왔을 당시만 해도 주민들은 '예수'가 어디에 사용되는 것인지 모를 만큼 무관심했다. 1년에 두 번씩 올리는 풍어제와 잡신을 섬기는 일에 몰두하고 있었을 뿐이었다. 그러니 방공진(房公鎭)이란 본명을 방다락으로 개명하고, 불타는 신심과 젊음 하나만 믿고 무작정 복음전선으로 달려든 목자의 심정은 어떠했을까. 이때 방목사는 처음으로 순교를 생각하게 됐고, 마라도에 무덤 자리까지 봐(?) 두었다고 한다. 이곳에 뼈를 묻겠다는 각오를 하자 모든 게 단순해지기 시작했고, 주민들의 반응도 점차 좋아지기 시작했다.

물론 방목사를 목사로 인정한 사건은 따로 있었다.

방목사가 섬 주민 집을 찾아다니면서 전도를 할 때였다. 하루

▲ 우리나라 최남단에 위치한 교회가 바로 마라도 교회다.

는 이곳에서 가장 연로한 이씨댁을 방문하게 됐는데, 마침 집 어른인 할아버지가 임종 직전에 놓여 있었다. 식구들은 할아버지가 곧 돌아가실 것으로 보고 장례 준비를 서두르고 있었다.

방목사는 어수선한 틈을 이용해 방으로 들어가 누워 있는 할아버지 곁에 앉았다. 그리고는 무턱대고 노인을 향해 소리를 질렀다.

"할아버지, 예수님 믿으면 살아납니다. 예수님 믿으면 나을 수 있습니다."

임종을 눈앞에 두고 있던 노인은 낯선 젊은이의 외침에 눈을 떴다. 방목사는 계속해 소리를 질렀다.

"예수님을 믿겠으면 고개를 조금만 끄덕여 보세요."

살고 싶은 노인이 고개를 겨우 움직였다. 이미 주위에는 가족

을 비롯해 이웃 사람들까지 몰려들어 이 광경을 지켜보고 있었
다. 방목사는 오른손을 노인의 이마에 얹고 안수기도를 올리기
시작했다. 이런 행동이 2~3일 계속되는 동안 죽음에 임박했던
노인은 병석에서 일어나게 됐고, 더불어 마을 사람들은 방목사
를 구약시대의 선지자처럼 여기게 되었다. 이 일이 계기가 되
어 방목사는 지금 마라도에 제법 큰 교회를 짓고 마을 주민들
을 덤(?)으로 얻어 교회에 발을 붙이게 했다. 물론 마라도에서
방목사의 무덤을 발견할 수 없게 된 것도 또 다른 은총이 되겠
지만 말이다.

　이후 마라도는 크게 변해 이곳의 터줏대감이었던 할망당은
역사의 유물로 남게 되었고, 대신 교회와 사찰(기원정사)이 들어
서 신앙 패턴을 180도 돌려 놓았다.

▲ 마라도 교회에 뒤질세라 최남단 사찰인 기원정사가 들어섰다.

민초들의 한많은 무덤들

마라도에 남아 있는 무덤은 모두가 제주도 무덤과 닮아 있다. 봉분이나 산담 형태도 꼭 같은 모습이다. 육지의 무덤과는 많이 차이가 나지만, 겉으로 보기에는 민가 근처에 있는 유택이 망자를 멀리 떠나보내지 않으려는 산자의 배려 같아 보이기까지 한다. 언뜻 보면 무덤이라기보다 돌더미 같은 분위기가 난다. 곡괭이로 땅을 조금만 파도 곧 돌밭이 나오는 까닭에 이곳에서의 매장은 여간 고된 노동이 아니다. 제주도와 매장 풍습이 대동소이한 것도 이 때문이다.

특히 마라도 주민 중에는 가족의 무덤이 아예 없는 이들도 적지 않은데, 이들의 경우 태풍 때 시신이 바다로 흘러갔거나 고기잡이 중 어선이 전복되어 주검을 찾지 못해서이다. 이럴 때는 집에 위패를 모셔 놓고 묘소를 대신하기도 한다.

지금은 마라도 주민들의 생활이 넉넉한 편이지만 과거만 해도 이들은 생계를 유지해 나가기 힘들 정도로 고난한 생활을 했다. 여의도 면적보다도 적은 10만 평 규모의 불모지에서 대부분 해산물 채취로 생계를 이어가던 이들인지라 모든 것이 열악하기만 했다. 지금은 제주도에서 생수를 날라다 마시고, 태양발전소가 들어서 전깃불이 켜지고 웬만한 가전제품을 다 이용할 정도가 됐지만, 몇 년 전까지만 해도 꿈 같은 이야기였다. 상전벽해(桑田碧海)라는 말이 이를 두고 하는 말이라면 꼭 어울릴 정도로 말이다.

눈여겨보지 않는 무덤

마라도 선착장에서 마을로 향하는 길을 따라가다 보면 제일
먼저 만나게 되는 게 무덤이다. 할망당에서 불과 40여 미터 떨
어진 곳에 있는 무덤은 마라도 내에서 가장 호화묘(?)에 속할
만큼 깔끔하게 조성되어 있다. 산담(묘를 둘러싼 날개 부분)도
잘 보존되어 있고 봉분 역시 잘 손질되어 있는 폼이 여느 무덤
과 차별된다.

이곳에서 마을 쪽으로 가다 보면 여러 기의 무덤을 발견하게
되는데, 이곳의 또 다른 특징은 무덤 앞에 세운 비석에 '처사
(處士) ○○○지묘'라거나 '유생(儒生) ○○○지묘'라는 글씨가
새겨져 있다는 것이다. 처사는 불자를 일컫는 말이요, 유생은
유림(유교)을 뜻하는 것이니 망자의 종교를 가늠해 볼 수 있는
표시가 되기도 한다. 그러나 무덤 형태는 산담에 둘러싸인 똑
같은 모습을 취하고 있다.

제주도나 마라도에서는 '삼대가 어부를 하면 반드시 수장(水
葬)의 액운을 당한다'는 속담이 전하고 있다. 따라서 이를 면하
기 위한 일환으로 명당에 대한 집착이 강했다. '조상을 명당에
모셔야만 후손이 편안하다'는 관념이 뿌리 깊게 잡혀 있는 것
이다. 그래서 제주도에는 지관이 묘자리를 한번 잡아 주면 그
곳이 설사 남의 밭 한가운데라도 거기에 고인을 모시는 경우가
많았다. 땅 임자도 자기 밭에 묘를 쓰겠다는 사람이 나타나면
철천지 원수지간이 아닌 이상 냉정하게 거절하지 않는 것이 또
한 이곳의 불문율이 되기도 했었다.

그러나 1961년 '매장 및 묘지 등에 관한 법률'이 제정되면서 밭에 묘지를 쓰는 것이 규제되기 시작했고, 1980년대 중반 제주도를 방문한 대통령이 도로 주변에 흩어져 있는 무덤의 산담이 보기 싫다며 모두 없앨 것을 명령해 상당수가 이장되거나 아예 없어지는 수난을 겪기도 했다. 근자 들어서는 공동 묘원이 생기고 화장이 보편화되면서 무덤이 늘어나지 않고 있어 산담에 둘러싸인 제주·마라도의 무덤은 새로운 문화유산으로 자리잡아 가고 있는 추세다.

다행인지 아니면 너무 무관심한 것인가는 모르겠지만, 마라도의 무덤은 아직 관광객들의 관심을 받지는 못하고 있다. 대신 이곳에서 자살한 젊은이 이야기나, 자살 직전 마음을 돌려 다시 삶의 터전으로 돌아간 사람들의 이야기에는 귀를 귀울이는 이들이 많다.

이 섬에는 자살하기 좋은 명분이 있다

부산의 명소인 태종대에는 일명 자살바위로 알려진 명소(?)가 있었다. 수직 80미터가 넘는 절벽과 그 아래에서 넘실대는 시퍼런 바닷물은, 세상을 등지기로 결심한 이들을 유혹하기에 충분했다. 실제로 이곳에서 몸을 던져 생을 마감하는 사람이 한 해 평균 30명이나 됐을 정도였다. 해마다 자살자가 늘어나자 영도구청과 인근 주민들이 경비를 서고 구명사(求命寺)라는 절을 지어 놓고 불심에 호소해 보기도 했지만, 죽겠다고 뛰어내리는 사람들 앞에서는 속수무책이었다.

  1975년 부산시는 이 문제로 대책회의를 열었는데, 이때 나온
아이디어가 자살 바위에 전망대를 세우고 이곳에 모자상(母子
像)을 세우자는 것이었다. 이 안은 즉각 실행에 옮겨져 홍익대
전뢰진 교수가 가로 180센티, 높이 210센티의 모자상을 이곳에
설치했다.

  한복 차림을 한 어머니가 남매를 보듬어 안고 있는 모자상이
세워지고 난 후에 신기하게도 자살자가 나오지 않게 되었다.
덕분에 구명사가 서쪽으로 자리를 옮겨 앉게 되었고 이곳 주민
들도 더 이상 자살소동에 휩싸이지 않아도 되었다.

▲ 마라도 끝에 서 있는 대한민국 최남단 비.

  우리 나라 남쪽 끝에서 자신의 목숨을 끊으려 하는 이들의 공통점은, 인생의 끝과 국토의 끝을 공통분모로 삼으려는 심리를 갖고 있다. 그렇다면 또 다른 자살자들은 그 장소를 어디로 잡고 있을까. 한때 그 대안이 마라도로 나타나기도 했다. 교통이 편리해진 것이 가장 큰 역할을 한 셈 이다.

  특히 마라도 등대가 자리한 곳에서 얼마 떨어지지 않은 절벽,

장확히 말하면 백련초라는 선인장의 군락지 쪽에는 깎아지른 절벽이 서 있다. 이곳에서 뛰어내리면 사망 확률 100%를 장담할 정도로 높이와 각도, 지형이 험악하다. 그래서일까. 첫사랑의 배신 때문에, 빚에 쪼들려서, 신(神)을 만나기 위해 등등 뛰어내리는 사연도 각양각색이었다.

자살 결심을 하고 이곳에 왔다가 마음을 고쳐 먹은 이들에게 '왜 이곳을 마지막 처로 택했느냐'고 물으면 하나같이 '인생의 마침표를 국토의 마침표인 마라도에서 찍고 싶었다'고 한단다.

그러나 이 같은 자살 바람도 교회가 들어서고 절이 세워지면서 시들해지기 시작해 근래에는 소동이 일어나지 않고 있다고 한다.

또 주민들이나 객지인들이 이곳에서 사망할 경우도 제주도나 연고자 고향으로 시신을 이송하기 때문에 이곳에는 새로운 묘가 들어서지 않고 있다. 작은 땅덩어리인지라 망자의 몫이 점점 줄어들다 못해 이제는 아예 무덤을 두지도 않을 만큼 인심도 변해 가고 있는 셈이다.

끝이로되 끝이 아님이여

생자필멸(生者必滅)이라는 말이 있다. 인간은 나면 반드시 죽게 마련이라는 뜻이다. 마라도에서의 죽음은 뭔가 특별한 것이 있을 것 같다는 막연한 기대가 자살자를 부르기도 하지만, 이곳에서 죽는다고 다를 게 있을까. 그러나 산 사람들의 생각은 마냥 그렇지만도 않은가 보다. 이곳에 있는 기원정사 법당 한

켠에는 망자들을 위한 위패가 적잖이 모셔져 있다. 인연 있는 혼령이 한반도의 좁은 땅에서 맴돌지 말고, 마라도의 앞마당 격인 태평양에서 거침없이 노닐라는 원이 담긴 것처럼 최남단 사찰에 위패를 모신 것이다. 어쨌든 그 정성이 눈물겹다.

어떤 이는 마라도를 국토의 끝이 아닌 시작으로 본다. 우리나라 지도를 거꾸로 들고 보면 영락없이 마라도가 시작점이 된다. 의식 전환이라는 거창한 용어를 쓰지 않더라도 생각하기 나름인 문제다. 끝이로되 끝이 아니기에 우리에게는 희망이 있는 것이다. 굳이 죽음을 생각할 필요도 없는 것처럼.

21세기에 유행할 새로운 무덤
사이버 묘지

서울 삼청동에 사는 김씨는 전통적인 유가(儒家)의 장손이다.
덕분에 명절 때면 제사를 모시는 게 당연한 일이 된 지 오래다.
그러나 김씨는 지난 정초 홀가분하게 집을 떠나 용평에 있는
스키장에서 가족과 함께 오붓한 시간을 가졌다.

설날 아침은 호텔에서 마련한 공동 제삿상에 미리 준비해 간
선조(先祖)님 영정을 내걸고 큰절을 올리는 것으로 새해 첫 차
례를 마쳤기 때문이다. 아이들도 좋아하고 아내도 싫지 않은
눈치여서 김씨는 앞으로도 명절 연휴 때마다 여행지에서 제사
를 지내며 여가를 즐긴다는 결심을 굳혔다.

이 같은 추세는 다만 김씨뿐만이 아니다. 대전에 사는 이씨도
명문대를 졸업했지만 부친 사후 지방(紙榜) 쓰는 방법을 몰라
제사 때마다 모친한테 꾸지람을 들어 오던 중, 어머니마저 돌
아가시자 3년상을 모신 뒤부터는 아예 제사 방식을 나름대로
바꿔(?) 버렸다. 즉 양친 생전에 찍어 둔 비디오와 육성 테이프
를 제사 때마다 시청한 뒤 자녀들과 함께 준비한 음식을 들며
생전의 할아버지·할머니 이야기를 들려주는 것으로 대신한 것

이다. 조부의 얼굴도 제대로 알지 못하는 아이들에게 영정 앞에서 억지로 절을 시키고, 술을 따르게 하는 것은 요즘 정서에 맞지 않는다는 것이 이씨의 주장이다.

최근 들어 신세대 가장들을 중심으로 급속히 확산되고 있는 이 같은 추세는 제사 절차의 번거로움에 대한 의식 전환과 효 사상의 제고가 이루어지지 않는 한 21세기의 새 풍속으로 자리 매김할 것이 확실하다.

제삿상 대신 비디오와 육성 테이프가 준비되고 더 나아가서는 컴퓨터 제사용품까지 등장하게 된다는 것이다. 동화상(시디롬 타이틀)으로 처리된 컴퓨터 제사용 프로그램은 사용자의 선택 메뉴에 따라 전통·현대식을 따를 수 있을 뿐더러 자신의 취향에 맞는 새 제사 방법을 개발하여 입력시킬 수 있다는 장점이 있다. 따라서 지방을 따로 쓸 필요도 없으며 '유세차(維歲次)'로 시작해서 '흠향(歆饗)'으로 끝나는 고유문 해석도 리모컨 하나로 작동시킬 수 있다.

물론 성균관을 비롯해 일부 보수층에서는 여전히 전통방식을 고집하겠지만, 젊은 층을 설득하기는 역부족해 '1가구 2제사 방식'을 도입하는 가정도 늘어날 전망이다. 또 이 같은 양상은 가족 구성원 간의 종교 편향과 신·구세대 간의 의식 편차에 따라 심화될 것이 분명해 자칫 제사 무용론까지 등장할 수 있다는 우려도 낳게 하고 있다.

그러나 한국 천주교회가 제사제도를 수용하고, 개신교단이 앞다퉈 현대인에 알맞는 제례 방식(추도식)을 개발해 내놓고 있어 조만간에 신세대의 제사 풍습도 성착될 것으로 보인다. 이제

남은 문제가 있다면 소위 구세대(쉰세대?)들이 사후 자신의 기일(忌日)에 받게 될지 모를 충격에 미리 대비하는 연습을 충분히 해놓는 것이 바람직하다는 것이다.

홍동백서(紅東白西) 좌포우혜(左脯右醯) 하는 형식을 갖춘 제삿상을 받는 것은 포기했다손 치더라도 피자에 햄버거, 크림스프가 올라오지 않는다고 누가 장담하겠는가. 더군다나 세계화니 글로벌 시대 운운하며 축문을 영어로 읽어 댄다면야 그 감당을 어찌할까.

위 내용은 필자가 1990년대 중반에 낸 《미리 가본 21세기 종교문화》(대홍기획 刊)에 썼던 '멀티미디어로 제사 지낸다'는 것을 인용한 것이다.

당시만 해도 조상 제사를 컴퓨터나 비디오를 틀어 놓고 지낸다는 것은 상당히 불경(不敬)스러운 일 중 하나였다. 제사는 바로 정성이 중요하다는 인식 때문이었다.

그러나 지금은 한술 더 떠 조상이나 친한 이들의 묘지도 컴퓨터에 마련하는 세상이 되었다. 일명 사이버 묘지가 바로 그것이다.

새롭게 등장한 사이버 묘지

상전벽해(桑田碧海), 천지개벽(天地開闢), 기상천외(奇想天外), 황당무계(荒唐無稽)…. 어떤 단어를 갖다 붙여도 기성세대에게는 통하기 힘든 것이 사이버 묘지일 것이다. 그만큼 생소하고 상상하기조차 어려운 일이기 때문이리라. 더군다나 양반집이나

종가(宗家) 사람들에게는 어불성설(語不成說) 그대로일 것이다. 하지만 사이버 묘지는 엄연히 존재하고 있을 뿐더러 날로 그 수효가 증가하여 21세기 후반에는 대부분 이 묘지를 선호하게 될 것이라는 예언(?)을 내놓는 이들도 적지 않다.

아직 느낌이 잘 오지 않고 있는 사이버 묘지는 의외로 간단하다. 다음은 모 일간지에 실렸던 사이버 묘지에 대한 기사다.

인터넷에 망자(亡者)의 생전 모습과 발자취 등을 담아둘 수 있는 사이버 묘지가 등장해 화제를 모으고 있다. 장묘전문업체 (주)효손 흥손이 최근 개설한 하늘나라 사이트가 그것. 실제 묘지가 실생활에서 멀리 떨어져 있어 명절 때 외에는 찾아가기 힘든 반면, 사이버 묘지는 언제든 방문해 고인을 추모할 수 있는 것이 장점. 고인의 사진과 이력은 물론 동영상 자료와 육성까지 담을 수 있어 후손들에게 조상의 발자취를 생생하게 전하는 교육적 효과도 크다.

하늘나라는 신청객이 원할 경우 조문록을 마련, 방문자들이 추모사를 기록할 수 있도록 하고 있다. 성별·직업별 검색이 가능하며 국가유공자 등 사회지도층을 위한 별도의 코너를 둬 일반인들도 찾기 쉽게 안내한다. 사이버 묘지는 5가지 기본형 중 하나를 선택하면 5만 원을 받고 제작해 주며 신청자가 별도로 만들어 띄울 수도 있다. 관리비는 연 3만 원이다.

하늘나라는 이 밖에 부음란과 의례 관련 최신 소식을 전하는 하늘나라 저널, 의례 상식과 행정절차, 묘지분양 정보 등을 담은 의례 정보, 하늘나라 야화 사이트도 운용하고 있다. 또 각종 의례 용품을 직거래를 통해 싼값에 구입할 수도 있다.

한국일보 1999년 10월 19일자

이 기사에서 알 수 있듯이 사이버 묘지는 기존 매장이나 화장 풍습을 인정(병행)하면서 가상 공간에 새로운 묘지를 마련하고 가까이서 고인을 추모하는 전혀 새로운 묘지문화를 이끌어 가고 있는 셈이다.

사이버 묘지에서는 이렇게 한다

회사원인 김수남(34세, 서울 용산구 효창동) 씨는 7년 전에 돌아가신 어머니가 생각이 날 때마다 컴퓨터를 찾는다. 인터넷 사이버 묘지에 모셔 둔 어머니를 만나기 위해서다. 김씨는 몇 년 전까지만 해도 어머니가 그리워지면 산소가 있는 공원 묘지나 위패를 모신 절을 찾는 것이 전부였다. 하지만 최근 인터넷에 어머니의 개인 홈페이지를 만든 뒤부터는 산소나 절 대신 컴퓨터를 자주 켜게 되었다.

홈페이지를 연 김씨는 우선 어머니의 목소리부터 듣는다. 회갑 때 녹음한 것이다. 그리고 어머니와 함께 찍은 사진들을 한 장 한 장 화면에 띄우며 추억에 잠긴다. 그러다가 어머니에 대한 그리움이 복받쳐 오르면 글을 남긴다. 이렇게 하다 보면 돌아가신 어머니가 곁에 계신 것 같아 외로움이 눈 녹듯 한다.

컴퓨터만 있으면 때와 장소를 가리지 않고 고인을 만날 수도 있고 추모할 수도 있는 게 사이버 묘지의 매력이다.

특히 사이버 묘지에 입장하게 되면 경건한 자세와 마음을 가져 줄 것을 요구하는 자막이 뜨며, 고인의 이름을 찾아 분향하기를 선택하면 고인의 영정이 나타나는데, 영정 앞의 헌화라고

쓰인 부분을 누르면 그 자리에 꽃바구니까지 놓여진다.

화면을 밑으로 옮기면 고인의 약력과 업적, 살아 있을 때 가족들과 함께 찍은 사진, 추모사 등이 나타난다. 고인의 생전 모습을 담은 영상과 육성난이 있고 분향자에게 이름을 남기게 하는 조문록도 준비되어 있다.

또 신앙이 다른 사람들을 위해 기본형·불교·개신교·천주교형이 따로 마련돼 있으며 색다른 특수 묘지도 주문하면 만들 수가 있다. 이 중 불교형은 영정을 연꽃 위에 모시고, 개신교형은 영정 뒤에 십자가를, 천주교형은 영정 앞에 성모 마리아상을 모신 게 특별나다.

고인을 사이버 묘지에 모시면 언제든지 쉽게 찾아볼 수 있어 오랫동안 잊지 않고 추모할 수 있는 마음을 갖게 한다는 긍적적인 면도 있지만, 반면 고인을 추모하는 행위의 엄숙함을 떨어뜨리고 고인을 빨리 잊지 못하게 해 사랑하는 사람을 잃은 슬픔을 연장시키는 부작용도 있을 수가 있어 선택에는 신중해야 할 것으로 보인다.

과학이 만들어 낸 묘지

사이버 묘지는 한마디로 과학이 만들어 낸 21세기형 무덤이다. 더군다나 제사문화에 대한 거부감과 미래지향적인 신세대들의 감각이 어우러지면서 사이버 묘지는 급속히 성장할 것으로 보인다. 또 매년 묘지로 잠식되어지는 국토 면적이 여의도 땅의 2·3배에 해당하고 있는 마당에, 사이버 묘지는 장묘문화

를 바꾸는 데도 큰 도움이 될 것이라는 기대도 나오고 있는 실정이다.

'조상에 대한 효도냐' 아니면 '후손을 위한 국토 보전이냐'는 이원적 사고방식으로만 사이버 묘소를 볼 때 그 정답은 이미 나와 있는 셈이다. 과학이 만들어 낸 묘지문화가 과학시대에 없어질 것이라는 생각은 그 자체만으로도 우스운 일이 되지 않을까.

이 문제에 대해 역시 필자가 과거에 썼던(미리 가본 21세기 종교문화 중 '도심 속의 묘지빌딩') 단편을 인용해 보면 이해의 폭이 넓어질 것으로 보인다.

서울시설관리공단은 1996년 3월부터 벽제 장제장과 용미리 시립묘원에서 매장과 화장 등의 실태를 직접 살펴보는 '장묘문화 탐방코스'를 마련, 견학 참가자를 모집 중이다. 이 코스에 참가하는 견학자는 우리 나라 매장 현황과 외국인의 사례를 비교 분석할 수 있는 20분짜리 비디오 관람을 비롯해 화장의 절차, 합동 분묘, 유택 동산, 분묘 등을 직접 보게 된다.

장묘문화 탐방 코스를 마련한 취지는 장묘 시설이 더 이상 혐오시설이 아니라는 것을 시민에게 직접 보여주고, 친근감을 심어 주는 소공원의 이미지를 부각시키자는 것이다. 설득력 있는 신선한 아이디어임에 틀림없다.

그러나 21세기 문화 속에서는 이 정도의 장묘 프로그램으로는 시민들의 관심을 끌지 못한다. 그렇다고 묘지로 인한 국토의 잠식이 해마다 늘어 간다고 이들에게 무조건 화장을 호소하는 것도 더 이상 통할 리 없다. 이때 등장하는 것이 바로 도시 한가운데에 자리잡

는 묘지빌딩이다.

각 구청 또는 시에서 운영하게 될 묘지빌딩은 발인·장의·장지 역할까지 한자리서 해결되는 최첨단 시설이다. 건물 외형이나 시설, 규모도 일반 빌딩과 대동소이한데다 집에서 가까운 까닭에 이용자들이 급증, 묘지빌딩은 도심 속의 명물로 자리잡게 된다.

특히 프런트(현관)에 마련돼 있는 컴퓨터에는 망자의 이름이나 생년월일, 혹은 장례 일자만 입력시키면 고인의 약력이 소개되는 것은 물론 최근 참배객의 동정까지 자동 체크인되어 알려준다. 어디 이뿐인가. 안내인으로부터 키를 받아 고인의 납골당이 있는 층으로 찾아가면 알맞은 조명 속에 인공 향내가 은은히 퍼져 난다. 또 스피커에는 조문객의 취향에 따라 선택한 찬송가나 독경 소리가 흘러 나오고 주문한 조화는 이미 배달돼 있는 상태다.

과거에는 향나무 가루에 화학색소를 첨가해 만든 향을 피워, 사용하기가 불편했을 뿐더러 연기가 인체에 유해하다는 조사 결과 후 자연향(인공향)으로 바뀌어져 그을음이나 화재 걱정도 필요없게 되었다.

습도와 온도, 빛까지 자동 조절되는 묘지빌딩은 시내 곳곳에 위치해 있으나 시설이 워낙 고급스럽고 첨단 기능까지 갖추고 있어 혐오 시설이나 유해 환경처로 별도 관리되지 않는다. 오히려 근린공원 역할과 시민 휴게처로 각광받아 주민들 사이에 묘지빌딩 유치 쟁탈전도 뒤따를 전망이다. 현재 서울시설관리공단측이 추진하고 있는 장지문화 탐방은 앞으로 묘지빌딩 견학으로 바뀌게 될 것이며, 공동 묘지에 얽힌 공포 이야기 역시 80대 이상 노인들의 추억 속에서나 비춰질 것으로 보인다.

　필자가 1990년대에 조망했던 21세기의 달라질 문화 중 한 단편이지만, 이 예견은 곧 실현될 것으로 믿는다. 사이버 묘지 역시 지금은 제사에 대한 정성과 엄숙 등에 습관화된 기성세대와 신세대간의 인식 변화 과정에 있는 만큼 금방 정착되리라고는 보지 않는다. 다만 이 문제는 장묘문화의 발전적 변화 중 하나로 받아들이는 것이 우선일 것 같다는 것이다.

　현재 사이버 묘지에는 가수 김정구 씨를 비롯해 한국가정법률상담소 창설자인 이태영 박사의 묘소가 안치돼 있으며, 유명인 중에는 사후 사이버 묘지에 안치되길 희망하는 자가 늘고 있는 추세라고 한다. 어쨌든 사이버 묘지, 참 별난 묘지임에는 틀림이 없다.

김대중 대통령 가족 묘 써준 최고 지관
풍수지리가 손석우 씨 묘

영국 속담에 '운명은 수레바퀴와 같이 돈다. 오늘은 그 위에 있는가 하면 내일은 그 밑에 있다'는 이야기가 있다.

운명, 그것은 정말 그 끝을 보이지 않는 메비우스의 띠 같은 것일까, 아니면 인간이 거역할 수 없는 신비의 힘인가. 답이 없는 이 문제는 인류사 이래 계속 누적돼 온 수수께끼 중 하나다. 그러나 간혹 천기를 누설할 만큼 신통력 있는 사람들이 기적 같은 일들을 벌여 놓기도 하지만, 정작 자신의 운명은 한 치 앞도 분별하지 못하는 경우도 있다. 이 역시 풀리지 않는 수수께끼이기는 마찬가지다.

대통령 가족 묘를 잡아 줄 정도로 당대 최고 지관(地觀)이자 김일성 사망 시기를 정확히 맞춘 예언가요, 풍수학자로 이름을 떨치던 육관(六觀) 손석우(孫錫佑) 씨. 그의 인생 유전이 이 케이스에 든다고 하면 너무 성급한 판단일까. 그의 급작스런 객사(客死)와 생전에 만년 유택지로 점지해 놓았던 묘지도 황토흙이 마르기 전부터 불법 묘지로 지목돼 강제 이장될 처지에 놓이고 보니, 운명론이 세간에 돌 만도 하다.

김대중 대통령이 국민회의 총재로 있던 1995년 5월, 경기도 용인군 이동면 묘봉리 산 156의 1번지에 가족묘원을 조성한 적이 있다. 이 묘원에는 전남 신안군 하의도에 있던 김대통령 부모의 묘를 이장해 모셨고, 그 밖에 가족들의 묘도 이곳으로 옮겨 왔다. 이 묘역이 바로 당시 국내 최고의 지관으로 명성을 날리던 손석우 씨가 점지해 준 땅이다.

손씨는 이 자리를 일컬어 '천선하강(天仙下降 신선이 내려오는 곳)의 터로 흩어졌던 인물들이 복구되는 특성이 있다'며 '이 터에 묘를 쓰면 반드시 큰 인물이 나며, 대통령도 될 가능성이 있는 자리'라고 밝힌 바 있다. 이에 앞서 손씨는 하의도에 있던 김대통령 부모의 묘를 보고는 '오공비천(蜈蚣飛天 지네가 하늘을 나는 형상)으로 묘를 쓰면 자손은 심복 부하가 많고, 생명력이 끈질기며 반체제로 이름을 남기게는 되나 최고의 자리에는 오를 수 없는 터였다'고 지적했었다.

이 후 김대통령은 손석우 씨의 예언대로 국민회의 총재 자리에서 이 나라 최고 지도자가 되었다. 우연이 됐든 필연이 됐든지 부모의 묘를 이장하고 나서 대통령이 된 것은 부인할 수 없는 사실이 되었다.

그러나 정작 당사자인 손석우 씨는 자신의 죽을 날짜도 모른 채 다른 이의 유택을 보기 위해 지방으로 출장을 갔다가 심장병으로 급사하고 말았다. 더군다나 남의 명당을 잡아 주던 지관이 정작 자신의 묘가 이장될지도 모르는 상황에 처한 아이러니가 지금 세간의 화제가 되고 있다. 과연 이 모든 것이 운명의 장난일까.

생전에 명당 잡아 놓고 가묘 써

손석우 씨의 묘가 있는 충남 예산군 덕산면 상가리 산 5~104 번지는 '꿩이 매를 피해 내려와 웅크리고 앉아 있는 지세'로 명당의 필수 조건인 '힘을 받는 자리'로 소문나 있다. 손씨 묘에서 불과 7백 미터 떨어진 곳에는 대원군의 아버지인 남연군 묘가 자리잡고 있는데, 이 묘터가 천하 명당임은 익히 잘 알려진 일이다.

▲ 천하 명당으로 소문나 있는 남연군 묘. 이곳에서 7백 미터쯤 더 올라가면 손석우 씨의 묘가 있다.

원래 절이 들어서 있던 이곳을 대원군이 불태워 없애면서까지 욕심냈던 터가 아닌가. 그렇다면 풍수가나 지관의 도움이 없더라도 이곳과 근접해 있는 손씨의 묘터도 명당이 틀림없음을 미루어 짐작할 수 있는 대목이다.

손석우 씨는 1997년 3월 이 일대 임야 1만7천 평을 매입한 직후 평소 친분이 있던 풍수지리가 조제운(曺濟雲) 씨에게 부탁해

자신의 묘터를 잡은 뒤 그해 9월에 석관을 묻어 가묘(假墓)를 썼던 것으로 알려졌다. 당시 묘터를 잡아 줬던 조씨는 '손석우 씨의 묘는 주변 산세가 용이 살아서 각 방향으로 날개를 펴는 형상인 데다, 묘터 앞에는 물이 드나드는 모습이 전혀 보이지 않는 저수지가 자리잡아 만대의 복을 발하는 명당 자리'라고 밝힌 바 있다.

풍수에 대해 문외한이라도 덕산면 상가리 뒷산에 올라서 보면 지형 지세가 보통이 아님을 한눈에 알아볼 수 있을 만큼 빼어나다. 남연군의 묘소가 들어서 있기 때문에 그런 생각이 더 들게 하지만 상가리 일대는 어느 곳이나 묘터로는 손색이 없을 만큼 지형 지세가 훌륭하다. 전체 지형이 좌청룡 우백호가 감싸안고 있는 데다, 저수지도 두 개나 있으며 흙도 부드러워 요소요소마다 명당 자리가 즐비하다.

이 때문일까. 이곳 뒷산은 중장비나 경운기 등이 오갈 수 있는 산도(山道)가 구석구석 나 있고, 가묘(假墓)도 여러 군데서 눈에 띈다. 얼마 지나지 않으면 이곳은 공동묘지 버금갈 만큼 많은 묘들이 들어설 것이 명약관화(明若觀火)하다. 물론 손석우 씨 묘가 들어선 뒤 유행처럼 번진 현상으로 보면 과히 틀리지 않는다.

그러나 불행하게도 손씨의 묘는 도립공원 내에 위치해 있어 그 가족들은 자연공원법과 묘지 및 매장에 관한 법률, 산림법 등 세 종류의 실정법을 위반한 입장이 되었다. 따라서 관할 예산군청은 이 가운데 상위법인 자연공원법을 적용해 '덕산도립 공원 가야산 지구 내 불법 행위(묘지 설치)에 대한 원상복구 명

령'을 차남인 손광진 씨 앞으로 발송한 바 있다.

군청측의 원상 복구 명령에 따라 손씨 가족들은 묘역(96평) 중 봉분을 제외한 77평에 잣나무와 단풍나무 등을 심어 산림을 원상 복구했다. 그러나 예산 군청측은 묘 이장을 포함한 완전한 복구를 요구하고, 불이행시에는 경찰에 곧바로 고발한다는 방침을 세워 놓고 있어 양측간 알력이 팽배한 상태다. 경찰 고발과 검찰의 기소를 거쳐 정식 재판을 받을 경우 손씨 가족은 3년 이하의 징역이나 1천만 원 이하의 벌금형을 받게 된다.

가족들, 손씨 사망 철저히 함구

손씨가 사망한 날짜는 1998년 8월 26일 밤 11시경. 경주 모 호텔에서였다. 손씨는 이날 울릉도에 있는 묘지를 전남 해남으로 이장하기 위해 출장길을 떠나 경주에서 1박하던 중이었다. 이튿날 포항을 거쳐 울릉도로 들어갈 예정이었던 손씨가 밤 10시경 호텔 객실에서 갑자기 심장마비 증세를 일으켜 구급대에 의해 병원으로 후송되던 중 차 안에서 절명했다. 병원측이 발부한 사체검안서상의 사인은 심폐기능부전이었다. 사망 당시 손씨의 나이는 70이었으나, 평소 무척 건강한 편이었다.

손씨의 유해는 사망 다음날인 8월 27일 저녁 서울 순천향병원 영안실로 옮겨졌고, 29일 새벽에 발인해 자택 부근에서 심야 노제(路祭)를 지낸 다음 예산의 장지에 묻혔다. 이 과정에서 유족들은 일가 친지들에게조차 부고를 띄우지 않은 것으로 알려졌고, 따라서 순천향병원의 영안실에도 문상객이 전혀 없었다

고 한다. 발인도 새벽 3시에 했고, 장지에서의 하관 절차도 아침 6시에 서둘러 마쳤다. 소위 007작전을 방불케 한 것이다.

이처럼 쉬쉬하면서 장례를 치른 결과 손씨의 사망 사실은 보름이 지난 9월 12일 독자의 제보를 받고 사실 확인을 마친 한 신문사에 의해 세상에 알려지게 되었다. 당시 기사를 보면 다음과 같다.

▲ 꿩이 매를 피해 내려와 웅크리고 있는 지세로 알려진 손석우 씨의 묘소. 찾아오는 이가 많아 묘소 전면이 맨땅을 드러내고 있다.

자칭 육관도사(六觀道士)라는 별칭으로 유명한 풍수지리가 손석우 씨가 최근 사망한 사실이 뒤늦게 알려졌다. 이에 따라 생전에 숱한

유명인사 집안의 묘터를 잡아 준 것으로 전해진 그가 정작 자신의 묘자리는 어디에 마련했는지에 세간의 관심이 쏠리고 있다.

10일 풍수계 인사들에 따르면 손씨는 지난달 26일 심장마비로 사망했으나 유족들이 외부에 일체 알리지 않고 조용히 장례를 치렀다. 유족들은 또 묘터가 알려질 경우 불필요한 명당 시비가 일고, 인파가 몰리는 등 부작용이 우려된다며 고인의 묘자리에 대해서도 일체 함구하고 있다.

풍수지리가들은 손씨가 '묘터가 후손의 길흉을 결정적으로 좌우한다'는 지론을 폈던 점에 비춰 자신의 묘자리는 일찌감치 최고 명당으로 판단한 자리에 잡았으리라고 보고 있다. 풍수계에서는 지난해 소송에 말려들 만큼 손씨가 집착했던 충남 예산군 덕산면이나, 손씨의 가족 묘소가 있는 경기도 광주군 도척면 일대 등을 가능성 있는 곳으로 꼽고 있다.

1998년 9월 11자 H일보

손씨 유족들이 생전의 명성과는 걸맞지 않게 장례를 '비밀스럽게' 치른 가장 큰 이유는 언론 기피증 때문이었다. 장례식에 참가했던 손씨 제자 중 한 사람은 '언론이 이 사실을 알게 되면 장례를 제대로 치르지도 못했을 것'이라고 단언할 정도였다. 손씨의 경우 1997년 4월 MBC-TV의 PD 수첩이 손씨의 지관으로서의 능력과 돈 문제 등에 대한 의혹을 담은 〈육관도사의 위험한 풍수〉편을 방영한 뒤로부터 손씨와 가족들의 언론 기피증은 더욱 심해졌다. 이러한 경험 탓에 손씨의 사망을 계기로 또 어떠한 일을 당할지 걱정하지 않을 수 없었다는 것이다.

그러나 가족들이 최대한 조용히 장례식을 치렀음에도 불구하

고 언론이 뒤늦게 알고 앞다퉈 보도하는 과정에서 도립공원 내 불법 묘지 조성 문제까지 제기하고 나서 손씨 사망 사건은 지금까지도 일파만파되고 있는 실정이다.

김일성 사망 예언으로 유명세 타

손씨가 매스컴으로부터 집중 조명을 받은 것은 1994년 초에 펴낸 《터》라는 책에서 북한 김일성 주석의 사망을 예언한 것이 적중하면서부터다. 손씨는 이 책에서 '김일성의 운이 올해 음력 9월 14일을 기해 소멸한다'고 기술했는데, 같은 해 7월 김일성이 숨지자 매스컴들이 일제히 '김일성의 사망을 예언한 역술가'로 평하면서 일약 이 분야의 스타로 떠오르게 된 것이다. 이후 손씨는 국운 예언가 혹은 명지관으로 이름을 떨치기 시작했다.

손씨의 이 같은 명성은 1995년 5월 당시 국민회의 김대중 총재 측근의 귀에까지 들어가 '야당 총재 가족 묘를 잡아 준 지관'으로 유명세를 더하게 되었다. 특히 손씨가 잡아 준 묘터로 이장한 김총재가 대통령에 당선되자 많은 이들이 '대통령을 낳은 명당'을 구경하기 위해 몰려들었고, 이 때문에 손씨의 명성도 덩달아 높아졌다. 대통령을 배출한 명당을 점지한 지관이라는 수식어가 더 붙여졌기 때문이다.

그러나 손씨의 유명세는 사후에도 계속되고 있다. 가족들의 의지와는 무관하게 손씨의 묘소는 풍수가들 사이에 '명당이다, 아니다'는 시시비비에서부터 예비 지관들의 현장 탐방 공부와

도립공원 내의 불법 묘지 이장건 등으로 사후 2년이 넘도록 회자되고 있는 것이다. 이 같은 영향 때문에 남연군의 묘를 구경오는 이들보다 손씨 묘를 보기 위해 오는 이들이 더 많은 실정이라고 이곳 주민들이 전할 정도다.

현재 예산 군청과 묘지 이장 문제로 신경전을 펼치고 있는 손씨 묘지는 가족들의 버티기 작전과 군청측의 법적 대응으로 첨예하게 대립중이지만, 아직 뚜렷한 방안을 내놓지 못하기는 양측 모두 똑같다. 손씨 가족은 도립공원에 묘지를 쓰는 게 불법인 줄 몰랐으며, 매장한 지 얼마 되지 않은 묘를 다시 이장하는 것은 현실적으로 힘들다는 입장을 반복 주장하고 있는 형편이고, 군청측 역시 불법 행위는 법대로 처리한다는 강경론만 내세우고 있다. 사태의 결과는 더 두고 봐야 알 일이지만, 만약 손씨의 묘가 이장을 하게 되면 손씨는 세인들로부터 자신의 유택도 제대로 보지 못한 무능한 지관이라는 불명예를 안을 수 있고, 군청 역시 공정한 법 집행에 치명타를 입을 전망이어서 향후 해법에 대한 관심 또한 점점 커지고 있다.

덕분에(?) 손석우 씨 묘소를 두고 지관들 사이에서도 '명당이다, 아니다'며 설왕설래하고 있다. 평소 그의 지명도에 걸맞게 유택도 기가 막히게 잡았다는 이들과, 지금의 자리보다는 조금 더 위로 잡았어야 한다며, 나무는 보고 숲은 보지 못한 실수를 지적하는 이도 있다.

실제로 손씨의 묘소는 천하 명당이라는 남연군의 묘와 비교해 볼 때 방향도 30도 이상 우측으로 틀어져 있고 상가리저수지와도 너무 근접해 지혈이 뻗어 나가지 못하는 단점도 있다.

또 묘에서 15미터 앞에 도로(등산로 겸 마을 길로 콘크리트 포장
이 되어 있다)도 나 있어 주변 여건도 훌륭하다고 보기는 힘들
다. 오히려 손씨 묘소보다 산 아래에 위치해 있는 몇몇 묘소들
이 위치나 조망 등이 더 훌륭해 보이기도 한다.

▲ 손씨 묘 앞에 있는 저수지. 물이 드나들지 않아 발복하는 자리라고 한다.

이 문제와 관련해 이 마을에 사는 한 노인은 '손씨가 너무 유
명한 지관으로 소문나 묘소를 보는 시각이 비판적인 측면보다
는 긍정적인 쪽으로만 생각하다 보니 자연히 명당으로 고착화
된 것 같다'고 말했다.

그러나 말 많음 속에서도 장마철을 마다 않고 손씨의 묘를
답사하기 위해 이곳을 찾는 사람들이 줄을 이어 묘소 입구는
잔디가 뿌리를 내리지 못할 정도로 맨땅이 드러나 있다.

남해 외딴 섬 거문도에 있는
영국군 묘지

　제주도와 육지 중간에 있는 섬 거문도(巨文島). 수려한 자연경관과 풍부한 수산자원으로 사시사철 관광객이 끊이지 않는 이 섬은 이제 '누구나 한번쯤 꼭 가보고 싶은 곳'이 됐다.

　특히 인접한 백도(白島)는 기암절벽이 어우러진 남한 최고의 해안 절경을 자랑하며 거문도의 유명세를 거들어 주고 있다. 그러나 1백여 년 전만 해도 이 섬은 지리적 요충지로 부각되면서 열강들의 각축장으로 변모하여 긴장의 파고가 계속되던 곳이었다.

　이 과정에서 18세기 말에는 영국군에게 이 섬을 2년 간 점령당하는 치욕을 맛보기도 했으며, 이후에는 일본인들이 몰려와 신사(神土)를 짓고 등대를 설치하면서 자국화하려는 시도도 있었다. 그러나 주민들은 외세에 동화되기는커녕 오히려 패권 세력 앞에 당당히 맞설 정도로 뛰어난 학문과 선견지명(先見之明)을 갖추고 있었다. 이 때문에 당초 거마도(巨磨島)로 불리던 이 섬은 학자들이 많다는 이유로 거문도로 섬 이름이 바뀌게 됐다고 한다.

　지금은 세월 속에 묻혀 과거의 슬픈 역사를 기억하는 이는
별로 없지만, 고도(古島)의 산기슭에 자리하고 있는 영국군의
묘지만이 전환기의 그 흔적을 실감나게 보여주고 있다.

　거문도에 가면 볼 것, 먹을 것이 많다. 동도(東島)·서도(西島)
·고도(古島) 등 3개의 섬으로 이루어진 거문도는 발길 닿는 곳
마다 절경이요, 때로는 들르는 식당마다 미식가(美食家)들의 입
맛을 돋우는 먹거리가 풍부해 눌러앉고 싶은 섬이다. 그래서일
까. 거문도의 내면에 깔려 있는 '과거'를 알려고 하는 이는 드
물다. 아니 대부분 모르고 있다고 해야 맞을 성싶다.
　또 이곳을 찾는 이들이 대부분 관광객이기 때문에 바닷가에
와서까지 굳이 치욕의 역사를 되짚어 보려 하지 않는다. 거문
도에 있는 영국군 묘지가 '아는 사람만 아는 곳'이 돼버린 이유
도 여기에 있다.

거문도의 혼이 돼버린 외인 묘지

　거문도 여객선 터미널에서 1.2킬로미터 정도, 줄잡아 30분이면
걸어갈 수 있는 곳에 영국군 묘지가 있다. 정확히 말하면 여객
선 터미널에서 수산협동조합을 거쳐 면사무소 방향으로 조금
걷다 보면 영국군 묘지를 알리는 이정표가 서 있다. 동아슈퍼
와 천사미용실 사이로 난 골목을 따라 6백 미터 정도 더 올라
가면 바로 묘지가 보인다.
　가깝기도 하고 찾기도 쉬운 이곳이지만 외지인은 물론 거문

도 주민들 사이에서도 별로 알려지지 않은 이방 지대에 속한다. 1백 년 이상 거문도 땅에 자리잡고 있는 영국군의 묘지이지만 지금은 성묘를 오는 이도, 애써 기억해 주는 이도 없는 소외 지구로 남아 있을 뿐이다. 한때는 이 땅을 침략한 양이(洋夷)였지만 백골(白骨)이 진토(塵土)가 되도록 거문도에 묻혀 있는 이상, 이제 이들도 한국 귀신이 되어 있지 않을까.

▲ 거문도에 있는 영국군 묘지는 작은 규모에도 불구하고 깨끗하게 관리되고 있다.

사실 거문도 주민들이 갖고 있는 영국군에 대한 기억은 상당히 호의적이다. 침략자 혹은 약탈자라는 개념이 전혀 없을 뿐더러 오히려 상호 호혜원칙(互惠原則)에 입각한 평등 교류 측면이 더 부각되고 있는 느낌을 갖게 한다. 영국군의 묘지가 1백 년이 넘게 이 땅에서 무사(?)할 수 있었던 요인도 바로 이 때문이다. 원수의 관계였다면 벌써 파묘(破墓)해 버려 그 흔적도 찾기 힘들었을 것이다. 일본인들이 세운 신각과 비석들이 해방

을 맞으면서 모두 훼손된 것과 비교해도 마찬가지다. 그러나 영국군 묘지는 지역 개발 여파로 한 차례 이장은 했어도 그 자취는 여전히 남아 있는 것을 보면 이들과 섬사람들 사이의 우호관계를 짐작케 하고도 남는다. 또 하나는 무덤의 주인들이 전투나 지역 주민과의 충돌로 인해 사망한 것이 아니라 대부분 총기 오발이나 안전사고로 숨진 이들이라는 것이다.

지금 남아 있는 3기의 비석 주인은 윌리엄 J. 메레이(William marray) 수병과 17세의 찰스 댈리(Charles Dalee), 그리고 알렉스 우드(Alex Wood)이다. 이들 중 윌리엄 메레이와 찰스 댈리는 1886년 3월 알바트로스(Albatross)호에서 일어난 총기 폭발 사고로 숨졌으며, 알렉스 우드는 이보다 한참 뒤인 1903년 10월 9일 알비온(Albion)호에서 숨진 것으로 기록돼 있다. 묘비 형태는 나무 십자가(알렉스 우드)를 중심으로 좌우에 화강암으로 조성된 비석이 서 있는 모양으로 되어 있다.

그런데 19세기 초 영국군이 철수한 뒤 당시 경락사(經略使)였던 이원회가 거문도에 내려와 현장을 조사해 조정에 보고한 문서에 따르면 전체 묘지수는 9기로 기록되어 있다. 거문도 주민들의 구전(口傳)에 의하면 영국군 사망자들 중에는 일본인들이 서도 쪽에 낸 주점을 헤엄쳐 다니다가 익사한 경우도 있다고 증언, 그들이 나머지 무덤의 주인(?)일 것이라는 추측을 가능하게 하고 있다.

철선과 신식 무기로 무장하고 근대 의료 장비까지 갖춘 영국군들이었지만 죽음까지 피해 갈 수는 없었다. 수만리 타국에서 사고로 숨진 이들은 대부분 현지에 묻혔다. 시신을 오랫동안

▲ 영국 해병들이 찾아와 조의를 표하고 있다. 지금은 보기 힘든 장면이 됐다.

보관할 시설이 없었고, 전염병 등을 우려해 바로 매장했기 때문이다. 거문도에서도 예외는 아니었다.

거문리 뒷산 중턱에 있는 영국군 묘지는 비교적, 잘 관리돼 있다. 태평양전쟁 전까지만 해도 영국군이 자주 와서 돌보고 갔으나 근래 들어서는 영국 해군이나 민간인들이 가끔 참배를 오는 것이 고작이라고 한다. 소삼부도와 서도의 수월산이 내려다보이는 산 중턱에 자리한 영국군 묘지는 10여 평의 보호책 안에 나무십자가 1기와 화강암 비석 2기가 남아 있는데, 그 모양이 독특해 보는 이들로 하여금 이국풍을 느끼게 한다. 예술품처럼 조각된 묘비는 무덤이라는 칙칙한 이미지를 벗어나 친근감까지 줄 정도다.

원래 이 묘지는 거문리 여객선 터미널 동북쪽 1백 미터 지점

에 있었으나, 1910년 한일합병이 되자 일본인들이 현 위치로 강제 이장했으며, 2차 세계대전 말엽에는 연합군에 대한 반감이 고조된 일본인들에 의해 묘비가 크게 훼손당하기도 했다.

영국군의 거문도 점거 사건

이 사건은 1885년 4월 15일부터 1887년 2월 5일까지 약 2년간 영국군이 거문도를 불법 점거한 것을 말한다. 당시 한반도 주변에는 청국과 일본, 그리고 러시아가 각축을 벌이고 있었고, 여기에다 서구 제국주의는 개항을 명분으로 호시탐탐 이 땅을 점거하려 들고 있었다. 이 과정에서 영국은 남하하는 러시아 세력을 막는다는 구실로 전함 6척과 수송선 2척을 파견하여 거문도를 불법 점거했다.

▲ 영국군 묘지 앞에 세워진 동판. 우리에겐 근세사의 치부를 드러내는 상징물 같은 느낌을 준다.

거문도 3개 섬 중 고도를 점령한 영국군은 군막과 병원을 설
치하고, 병사 2~3백 명(때로는 7~8백 명)을 상시 주둔케 하는
등 섬을 요새화했다. 특히 이들은 중국 상해까지 전선을 깔고
방축공사도 병행하는 등 영구 점거를 시도하기도 했다. 그러나
청국이 러시아로부터 한반도를 침략하지 않겠다는 각서를 받아
냄으로써 사실상 명분이 없어지게 된 영국군은 거문도에서 철
군을 하게 된다.

당시 조선 정부는 청국을 통해서 영국군의 거문도 점거를 뒤
늦게 알게 됐고, 수습 과정에서도 영국군에게 굴욕적인 모습만
보여 약소 국가의 한계를 드러내기만 했다. 다행히 거문도 주
민들은 영국군들과 큰 충돌 없이 지내면서 서양의 신식문명을
접할 수 있는 기회를 얻어 거문도의 세 글자 중 글월문(文) 자
를 더 빛내게 하는 계기가 되었다.

글을 마무리하며

　한번은 이런 일이 있었다. 상가 문병을 다녀오던 부장이 문밖에서 직원을 불러내더니 헌 신문지에 불을 붙여 자신의 몸에 휘두르게 하는 것이었다. 혹시 몸에 붙어 있을지도 모르는 악귀를 제거하기 위한 의식이라고 한다. 어떤 이는 한술 더 떠 왕소금을 온몸에 뿌려 대기도 했다. 모두가 잡귀를 쫓아내는 방식이다. 어쩌다 문상객을 뒤따라 잠시 외도(?)한 귀신이 있었다면 왕소금을 맞고 불에 놀라 혼비백산할 것을 생각하니 괜히 나 자신이 민망해진다.

　전국에 흩어져 있는 이색 묘지를 찾아 다니다 보니 몇몇 친구들은 나를 일컬어 ‘전귀련회장(전국귀신연합회 회장)’이라는 직함까지 만들어 주면서 놀린다. 아들 녀석은 묘지 취재를 간다고 하면 저녁에 귀신 이야기를 해달라며 좋아한다. 그러나 아내는 아니다. 오히려 심각한 표정으로 “그러다 당신 정말로 귀신 붙는 것 아니냐”며 염려한다. 남편이 하는 일이 영 달갑지 않다는 얘기다.

　몇 년째 계속되는 남편의 ‘묘지 사랑’이 귀신이 붙지 않고서

야 가능한 일이냐는 게 아내의 속마음이리라. 그러고 보면 가끔 꿈속에서까지 묘지가 보이고, 색다른 묘지 정보가 들리면 귀가 솔깃해지는 폼이 나 스스로도 이상해진 것 같기도 하다. 얼마 전에는 병원에 근무하는 친구에게 영안실에서 할 수 있는 일 좀 알아봐 달라고 했을 정도니까.

'북한·중국군의 묘지'나 '내시 묘역'을 찾아 취재하고 나면 나는 사형수의 대부로 잘 알려진 삼중 스님(재소자교화연합회 회장)께 연락해 외로운 영혼들을 위한 천도재나 진혼식을 올려 줄 것을 건의한다. 그러면 스님은 흔쾌히 허락하고 곧바로 제물과 집전 스님을 초청해 의식을 봉행한다. 그러나 이 일이 결코 쉽지가 않다는 것이다.

북한·중국군 묘지에서 진혼제를 준비할 때다. 워낙 흔치 않은 일이라 일부 언론이 미리 보도하자 국방부에서 즉각 연락이 왔다. 적군, 그것도 남파간첩과 같은 흉악한 이들을 위해 천도재를 올려 준다는 것이 우리 정서에 맞지 않는다는 게 그 이유였다.

그러나 금강산 길이 열리고 남북 정상이 회동하는 마당에 이념과 사상을 따져 무엇하겠는가. 이들 역시 불행한 역사의 희생자들이 아닌가. 모두가 한형제요 한핏줄인데 북한군이었기에 제삿상 한번 못 받아 봐서야 되겠는가 말이다. 이후 삼중 스님은 나를 보면 이렇게 말한다.

"당신은 불쌍한 영혼들을 위해 큰 적선을 베풀고 있다."

모를 일이다. 내가 죽은 뒤 먼저 영혼이 된 이들을 만나면 생

전의 내 작업에 대한 평을 받을 수 있을 것이다. 그러나 분명한 것은 이 세상에는 억울하고 불쌍하고 슬픈 죽음이 많이 있다는 것이다. 물론 '평계 없는 무덤이 어디 있겠느냐'고 반문할 수 있겠지만 정말 평계가 아닌 사실이라면 그 억울함은 어디서 보상받을 수 있느냐는 것이다.

상부의 명령 때문에, 어쩔 수 없는 상황에서 잘못을 저지르고 생을 마감해야 했을 젊은 영혼을 생각해 보면 하나의 흙더미(묘지)가 아닌 한(恨)의 덩어리로만 여겨진다. 그러나 내가 할 수 있는 일이라고는 겹겹이 쌓인 이들의 무덤 앞에서 머리를 숙여 명복을 빌거나 스님께 천도재를 올려 달라고 부탁하는 것이 고작이다.

사형수 묘지 등 몇몇 무덤은 언론에 최초 공개한 것들이다. 그러나 최초보다는 최후까지 이들에 대한 관심을 잃지 않는 것이 도리라는 생각을 하게 된다. 이 책을 읽는 독자들 역시 한 많은 이들을 오래오래 기억해 주면 망자(亡者)들의 극락왕생에 큰 힘이 될 것이다. 한편 내용 중에도 주간·월간지 등에 연재됐던 글이 포함돼 있어 연도 표기가 헷갈리는 부분도 없지 않음을 밝혀 둔다.

오늘도 비가 내린다.

구천을 맴도는 불쌍한 영혼들이 흘리는 눈물이 아닌가 싶어진다. 다시 한번 앞서간 무주·유주 고혼들의 명복을 빈다.

2001년 1월 1일에

지은이 김석현

이승에 한만 남기고 떠난
별난 묘지 이야기

초판 인쇄 · 2001년 4월 10일
초판 발행 · 2001년 4월 15일

지은 이 · 김석현
펴낸 이 · 임종대
펴낸 곳 · 미래문화사

등록 번호 · 제3-44호
등록 일자 · 1976년 10월 19일
주소 · 서울시 용산구 효창동 5-421 ㉾140-120
전화 · 715-4507/713-6647
팩시밀리 · 713-4805

E-mail · miraebooks@com.ne.kr
mirae715@hanmail.net
ISBN 89-7299-204-6 03300
ⓒ2001, 미래문화사

정가 · 8,000원

KB274926